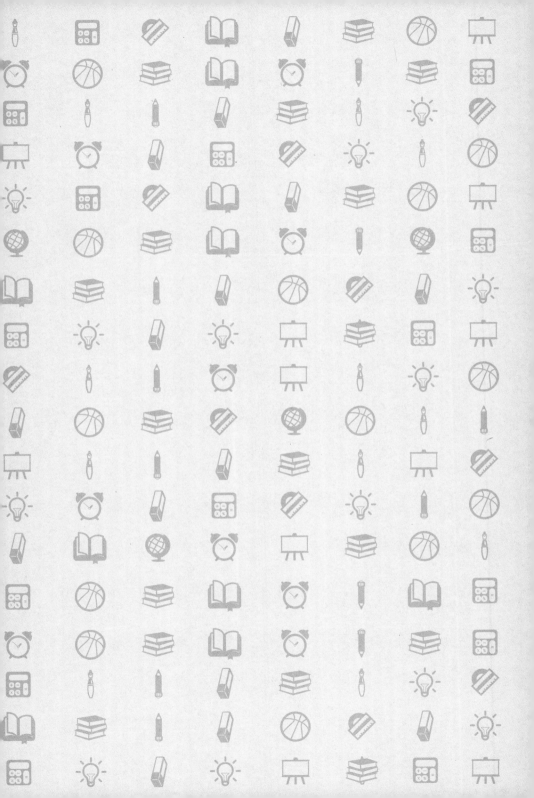

수능
영단어
50일
총정리

수능 영단어 50일 총정리

초판 인쇄일 2016년 3월 7일
초판 발행일 2016년 3월 14일

지은이 Fortin English LAB
발행인 박정모
등록번호 제9-295호
발행처 도서출판 혜지원
주소 (10881) 경기도 파주시 회동길 445-4(문발동 638) 302호
전화 031) 955-9221~5 팩스 031) 955-9220
홈페이지 www.hyejiwon.co.kr

기획 · 진행 김형진
디자인 김희진
영업마케팅 김남권, 황대일, 서지영
ISBN 978-89-8379-886-2
정가 8,500원

수능에 나오는 단어만 공부하자!

수능 영단어 50일 총정리

Fortin English LAB 지음

혜지견

머리말

수능을 효과적으로 준비하려면 얼마나 많은 어휘를 공부해야 할까요?

수능에서 다루는 어휘의 범위는 6,000~8,000단어 수준입니다. 이 수준은 암기하고 있는 단어의 개수를 의미하는 것만이 아닙니다. 외국어 영역 고득점을 위해서는 단순히 어휘의 뜻만 아는 것이 아니라 여러 가지 문맥 속에서 다양한 의미로 활용되는 활용법까지 알고 있느냐가 중요합니다.
따라서 암기 위주의 어휘 학습으로는 다양한 주제의 지문을 다루는 수능영어에 적합하지 않고, 근본적인 영어 실력을 키워주는 어휘 훈련법이 필요합니다.

영어의 기본 실력을 다져주는 어휘 학습을 위해 『수능 영단어 50일 총정리』를 준비했습니다.
Part 1에서는 지난 15년간 수능에서 출제되었던 영어 지문, EBS 교재 및 연계 지문, 시도 교육청 평가에 출제되었던 모의고사 기출 지문을 완벽히 분석하여 빈출도로 어휘를 정리했습니다.

빠른 시간 내에 시험에 나옴 직한 단어만을 출제 경향에 비추어 관련 주제의 예문을 통해 활용법을 제시했으며, 공부할 양이 많은 학습자를 위해 독해력을 향상시킬 수 있는 인문, 과학, 예술 등 수능에 자주 출제되는 예문을 이용해 어휘 학습을 할 수 있도록 했습니다.

Part 2, 3은 무작정 어휘를 외우는 것이 아니라 접두사, 접미사(품사)의 형태로 과학적 접근을 할 수 있도록 도왔습니다. 관련 어휘를 한꺼번에 학습하도록 어원을 기본으로 접두사 파트를 구성했고, 유사한 의미의 접두사를 함께 학습하여 학습 시간을 줄이고 모르는 어휘를 보더라도 의미와 용법을 유추할 수 있도록 했습니다.

어학 학습이 하루에 이루어지는 것이 아니듯 어휘 학습도 마찬가지입니다. 매일 일정 분량을 꾸준히 학습해 나가면 모르는 사이에 실력이 향상되어 있을 것입니다.
『수능 영단어 50일 총정리』를 통해 학습한 여러분이 수능 시험장에서 웃음 지을 수 있기를 진심으로 바랍니다.

포틴 영어연구소

목차

P_{art}2 접두사

P.3 접미사

이 책의 특징

◀ 2016 EBS 수능연계 영단어 및 2002~2015
교육청, 평가원, 수능 빈출 어휘 총정리

수능 기출, EBS 연계,
평가원 및 시도 모의고사
빈출 어휘

수능 영단어 50

[수능특강/고교 영어듣기/인터넷수능 영어독해연습 ①, ②/수능
완성]의 모든 단어와 역대 수능 빈출 어휘를 철저히 분석하여 담
았습니다.

▶ 수능 기출 단어 빈도 표시

수능에 출제된 빈도수와 중요도에 따라 분
류 및 ★ 표시하여 중요 단어는 반드시 익
힐 수 있도록 했습니다.

★ ★ ★ ★ ★

☐ **economy**

[ikάnəmi]

명 (과학적인) 실험   동 (과학적

Through experiment and observ
clues to the solution.
실험과 관찰을 통해 우리는 해결책에 대한 실

인   solid experime

◀ 독해 빈출 주제 기반 예문 제시

단어의 쓰임을 완벽하게 이해하도록 독해에 자주 출제되는
주제에 기반하여 예문을 제시했습니다.

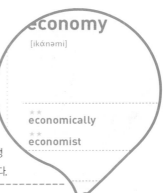

▸ 다양한 품사별 의미와 파생어 동반 수록

단어의 다양한 의미와 품사별 의미를 수록하여 어떤 뜻으로 사용되더라도 알 수 있도록 했으며, 파생어도 수록하여 연계 단어까지 학습할 수 있도록 했습니다.

◂ 접두사와 접미사로 단어 분류

Part 2는 각기 다른 의미를 나타내는 접두사로 단어를 분류, Part 3는 각기 다른 품사를 만드는 접미사로 단어를 분류하여 효과적으로 단어를 암기할 수 있도록 했습니다.

* 표제어 앞의 체크박스(☐)를 활용하여 학업 성취도를 높이세요. 또한, 고유명사나 실제 시험에서 주석을 달 정도의 고난도 및 전문어휘 등은 과감히 뺐습니다.

Part 1

Day 1......Day 30

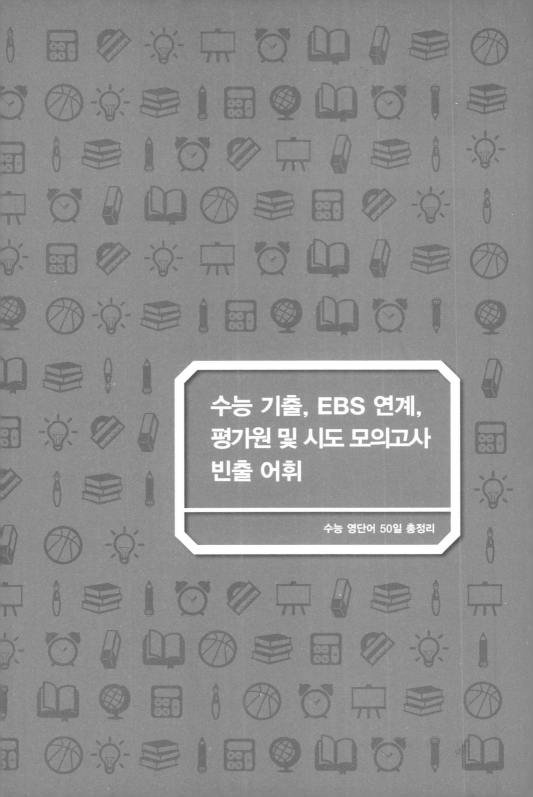

수능 기출, EBS 연계, 평가원 및 시도 모의고사 빈출 어휘

수능 영단어 50일 총정리

★★★★

acceptable
[ækséptəbəl]

형 용인되는, 받아들일 수 있는

Parents should teach their children to behave in socially acceptable ways.
부모들은 자식들에게 사회적으로 용인되는 행동양식을 가지도록 지도해야 한다.

★★
acceptance
★★
accept

명 수락, 받아들임　　speech of acceptance　수락 연설

동 수락하다, 인정하다

★★

altruism
[æltru(ː)ìzəm]

명 이타주의

This is not the kind of altruism he usually participates in.
이것은 그가 해오던 이타주의의 형태가 아니다.

★★★★★

appear
[əpíər]

동 ~인 것 같다, 나타나다, 보이기 시작하다

Often his way of doing his job appears incredibly crude.
가끔 그의 일하는 방식은 놀라울 정도로 서툰 것처럼 보인다.

★★

beside
[bisáid]

전 ~의 옆에

I want to buy a small house beside the station.
나는 역 옆에 있는 작은 집을 사고 싶다.

★★★

block

[blɑk]

동 막다, 차단하다

If you have a blocking program, you are able to protect your computer from unauthorized access.
차단 프로그램을 가지고 있다면, 승인되지 않은 접속으로부터 자신의 컴퓨터를 보호할 수 있다.

★★

burden

[bə́:rdn]

명 부담, 짐

He thought that it would be great to be freed from the burden of the past.
그는 과거로부터의 부담에서 해방될 수 있으면 좋겠다고 생각했다.

★★★

construction

[kənstrʌ́kʃən]

명 건설, 공사, 건축 양식

Dubai has made strict regulations about the construction of this style of building.
두바이는 이런 스타일의 건물을 짓는 것에 대해 엄격한 제제를 하고 있다.

★★

consume

[kənsú:m]

동 소모하다, 먹다, 마시다

To lose weight, we have to eat fewer than the number of calories we consume for the day.
몸무게를 줄이기 위해서는 하루에 우리가 소비하는 칼로리보다 적게 먹어야 한다.

★★

coverage

[kʌ́vəridʒ]

명 (신문·텔레비전·라디오의) 보도, (책·연구 등에 포함된 정보의) 범위

Insurance coverage in United States is less than in Europe.
미국의 보험 보장 범위는 유럽보다 좁다.

★★★

deliberately
[dilíbəritli]

(부) 고의로, 의도적으로, 신중하게, 찬찬히

I think he **deliberately** ignores my feelings.
그가 고의적으로 내 기분을 무시하는 것 같다.

★★

delicate
[délikət]

(형) 연약한, 여린, 섬세한, 우아한

Our skin protects our **delicate** inner parts.
우리의 피부는 연약한 내부 기관을 보호한다.

★★★★★

economy
[ikάnəmi]

(명) 경기, 경제, 절약, 아끼기

The domestic **economy** has been in an extended period of depression.
국내 경기는 계속된 침체기에 빠져 있다.

★★
economically

★★
economist

(부) 경제적으로   economically recyclable 경제적으로 재활용이 가능한

(명) 경제학자

★★★

essence
[ésəns]

(명) 본질, 정수, 에센스, 진액

The **essence** of his writing style is in its brevity.
그의 작품 스타일의 본질은 그 간결함에 있다.

★★★
essentially

(부) 본질적으로

★★

evil
[íːvəl]

(형) 사악한, 악랄한, 악마의

I don't agree with his notions of right and wrong, good and **evil**.
나는 그의 옳고 그름, 선과 악의 개념에 동의하지 않는다.

★★★

exchange
[ikstʃéindʒ]

명 교환, 맞바꿈, 환전   동 교환하다

Today's exchange rates are not so good.
오늘의 환율은 그다지 좋지 않다.

Bacteria can exchange genetic material.
박테리아가 유전 물질을 교환할 수 있다.

★★★★★

experiment
[ikspérəmənt]

명 실험   동 실험을 하다

Through experiment and observation we can find the clues to the solution.
실험과 관찰을 통해 우리는 해결책에 대한 실마리를 찾아낼 수 있다.

★★★

experimental

형 실험적인   solid experimental evidence 확실한 실험 증거

★★★★

fix
[fiks]

동 정하다, 고정시키다

The date that daylight-saving time starts is fixed.
서머타임이 시작되는 날은 정해져있다.

★★

irrelevant
[iréləvənt]

형 무관한, 상관없는

She seems to know what is important and what is irrelevant.
그녀는 무엇이 중요한지 상관없는지 아는 듯했다.

★★

latest
[léitist]

형 최근의   명 최근의 것

His latest novel was published 2 months ago.
그의 최근 소설이 2개월 전에 출간되었다.

★★★★

lie

[lai]

[lie - lay - lain]

동 누워 있다, 눕다, (기다랗게 가로) 놓여 있다, (어떤 상태로) 있다

The answer **lies** in your heart, so you have to look into yourself.
답은 네 안에 있으니 자신을 잘 되돌아 봐야 한다.

★★★★

lay

[lei]

[lay - laid - laid]

동 (조심스럽게) 놓다, (알을) 낳다

He **lays** his rug in front of the bathroom.
그는 러그를 화장실 앞에 깐다.

Most birds usually **lay** their eggs at sunrise.
새들은 보통 동틀녘에 알을 낳는다.

★★★★★

option

[άpʃən]

명 선택, 선택권, 선택 과목

You don't have any **option** on this matter.
당신은 이 문제에 대한 선택권이 없다.

★★★★

ordinary

[ɔ́ːrdənèri]

형 보통의, 일상적인, 평범한

This house had golden windows unlike the windows of an **ordinary** house.
그 집은 다른 평범한 집과 다르게 황금으로 된 창문을 가지고 있었다.

★★★★★

organization

[ɔ̀ːrɡənəzéiʃən]

명 조직체, 준비, 조직, 구조

Leaders must take care of how the **organization** works.
리더는 조직이 어떻게 돌아가는지 챙겨야 한다.

★★★
organize

동 준비하다, 체계화하다

★★
philosopher
[filάsəfər]

명 철학자, 철학자 같은 사람

Socrates is one of the most famous Greek **philosophers**.
소크라테스는 그리스의 유명한 철학자 중 한 명이다.

★★
prepare
[pripéər]

동 준비하다, 대비하다, (음식을) 준비하다

You have to **prepare** a lot for the final.
너는 기말 시험을 잘 준비해야 한다.

★★★★
primitive
[prímətiv]

형 원시 사회의

Even **primitive** societies had their own way to establish hierarchy.
심지어 원시 사회에서도 그들만의 위계질서 확립 방법이 있었다.

★★★
recommend
[rèkəménd]

동 추천하다, (행동 방침 등을) 권고하다

Can you **recommend** a decent restaurant to go to in Seoul?
서울에 갈 만한 괜찮은 식당을 추천해줄래?

★★★★
reduce
[ridjúːs]

동 (규모·크기·양 등을) 줄이다, (가격 등을) 낮추다

The more we recycle, the more we can **reduce** destroying animal habitats.
우리가 더 많이 재활용을 실천할수록 동물 서식지 파괴를 더 많이 줄일 수 있다.

★★
reduction

명 감소

★★★★

☐ **rely**
[rilái]

ⓥ 의지하다, 신뢰하다, 믿다

I **rely** on my parent's opinion when I have to make an important decision.
나는 중요한 결정을 내릴 때 부모님의 의견에 의지한다.

rely on ~에 의지하다

★★★★

☐ **repeat**
[ripíːt]

ⓥ 반복하다

The experiment was **repeated** with various factors to make a conclusion.
그 실험은 결론을 내리기 위해 다양한 변인을 가지고 반복되었다.

★★
repeatedly ⓐ 반복적으로

★★

☐ **reproduction**
[rìːprədʌ́kʃən]

ⓝ 생식, 번식

Cell **reproduction** is the process by which cells divide to form new cells.
세포의 번식은 세포가 새로운 세포로 분화되는 과정을 말한다.

★★
reproduce ⓥ 번식하다

★★

☐ **superficial**
[sùːpərfíʃəl]

ⓝ 깊이 없는, 얄팍한

This report obviously shows that you have a **superficial** understanding about the topic.
이 보고서는 당신이 주제에 대해 잘 이해하지 못하고 있다는 것을 명백히 보여준다.

수능 영단어 50일 총정리

★ ★ ★ ★

act
[ækt]

명 행동, 행위, 법률　　동 작용하다, 영향을 미치다

He was arrested by police in the **act** of trying to break into a house.
그는 집에 몰래 침입하려는 행동으로 인해 경찰에 체포되었다.

★ ★

aquarium
[əkwéəriəm]

명 수족관

It's difficult to keep the salt water quality stable in an **aquarium**.
수족관 해수의 질을 균질하게 유지하는 것은 어렵다.

★ ★

bet
[bet]

동 돈을 걸다, ~이 틀림없다

I'll **bet** they've gotten loose.
나는 그들이 풀려날 거라는 것에 걸었어.

★ ★ ★

borrow
[bɔ́(:)rou]

동 빌리다, (돈을) 꾸다, 차용하다

He wanted to **borrow** my new laptop computer.
그는 내 새 노트북을 빌리고 싶어했다.

★ ★

burst
[bəːrst]

동 터지다, 뿜어 나오다

His wife **burst** into laughter.
그의 부인이 웃음을 터트렸다.

[burst - burst - burst]

burst into laughter　웃음을 터트리다
burst into tears　울음을 터트리다

★★★

contain
[kəntéin]

동 ~이 들어 있다, (감정을) 억누르다

It usually **contains** three elements.
그것은 보통 3개의 요소로 구성되어 있다.

★★

cue
[kjuː]

명 신호

In baseball, the catcher gives a hand **cue** to the pitcher.
야구에서는 포수가 투수에게 수신호를 보낸다.

★★★★★

deliver
[dilívər]

동 배달하다, (사람을) 데리고 가다, 연설하다

Please **deliver** this package to his office on time.
이 물건을 그의 사무실에 제시간에 배달해주세요.

★★
delivery

명 배달, 출산, 분만, 전달

★★

discourage
[diskə́ːridʒ]

동 막다, 의욕을 꺾다, 좌절시키다

Robert doesn't want to **discourage** his son's passion for music.
Robert는 그의 아들의 음악에 대한 열정을 꺾고 싶지 않다.

★★★★★

employee
[implɔ́iiː]

명 종업원

The employers sometimes feel a loss of control over their **employees**.
고용주들은 가끔 자신의 직원들을 감당할 수 없다고 느낀다.

★★★
employment

명 직장, 고용, 취업, 채용

★★
employer

명 고용주

* * * * *

establish

[istǽbliʃ]

동 설립하다, 수립하다

The managers should establish strict rules for newcomers.

경영진은 신입 직원들을 위한 엄격한 규칙을 세워야 한다.

* * *

excuse

[ikskjúːz]

명 변명, 이유, 구실, 핑계 거리, 보잘 것 없는 것
동 용서하다, 변명하다, 양해하다

You'd better have a good excuse for not doing your job properly.

당신은 일을 제대로 하지 못한 것에 대한 좋은 이유가 있어야 할 것이다.

Excuse me, is this seat taken?

죄송하지만, 이 자리 비었나요?

* *

expense

[ikspéns]

명 돈, 비용, 돈이 드는 일

The trip was well worth the expense.

그 여행은 돈을 쓴 만큼의 보람이 있었다.

* *

expressive

[iksprésiv]

형 표정이 있는, ~을 나타내는

He felt proud of the expressive qualities of his art.

그는 그의 작품의 표현적 자질에 대해 자랑스러워했다.

* * * * *

fewer

[fjúːər]

형 더 소수의   명 더 소수의 사람들

There were fewer soldiers who surviving the battle than when they started.

그들이 전투를 시작할 때보다 더 적은 수의 군인들만이 살아남았다.

★★★★

☐ **gene**
[dʒən]

명 유전자

Every **gene** is the structure of its own mutation.
모든 유전자는 자신만의 변이 구조를 가진다.

★★★
genetic

형 유전의, 유전학의

★★

☐ **honest**
[ɑ́nist]

형 정직한, 솔직한, 순수해 보이는

I'm not afraid to be **honest**.
나는 솔직한 것을 두려워하지 않는다.

★★
honesty

명 정직(성), 솔직함

★★

☐ **livestock**
[láivstɔk]

명 가축

Parents are interested in the **livestock** industry.
부모들은 가축 산업에 관심을 가진다.

★★

☐ **loan**
[loun]

명 대출(금), 빌려줌, 대여   동 빌려주다, 대출하다

University students' **loan** debt is skyrocketing.
대학생의 학자금 대출이 치솟고 있다.

★★★★

☐ **location**
[loukéiʃən]

명 장소, 야외 촬영지

The **location** of headquarters is perfect for sales.
본사의 위치가 영업에 완벽하다.

★★★
locate

동 ~의 정확한 위치를 찾아내다, (특정 위치에) 두다

★★★★

overall
[óuvərɔ̀ːl]

형 종합적인, 전체의, 전부, 종합적으로

Elite Co. is clearly the overall leader compared to the other competitors.
엘리트 사는 다른 경쟁자들과 비교해 명백한 선두라 할 수 있다.

★★★

parental
[pəréntl]

형 부모의

Even after the divorce, each parent should have equal parental responsibility.
이혼 후에라도 양쪽 부모는 동등한 부모의 책임을 가져야 한다.

★★

plain
[plein]

형 분명한, 숨김없는, 솔직한, 있는 그대로의

I like it because it's simple and plain.
나는 그것이 간단하고 이해하기 쉬워서 좋다.

★★★★

progress
[prɑ́gres]

명 진전, 진척
동 진전을 보이다, 진행하다, 나아가다

Their research hasn't made much progress in decades.
수십 년 동안 그들의 연구는 큰 진전을 보이지 못했다.

★★

readily
[rédəli]

부 손쉽게, 순조롭게

It will be next week before the product is readily available in stores.
상점에서 손쉽게 상품을 구매할 수 있는 것은 다음 주가 되어야 할 것이다.

★★★

☐ **recreational**
[rèkriéiʃənl]

형 레크리에이션의, 오락의

The factory has even **recreational** facilities.
그 공장은 심지어 레크리에이션 시설까지 갖추고 있다.

★★★

☐ **reject**
[ridʒékt]

동 거부하다, 거절하다

His proposal is too great to **reject**.
그의 제안은 거절하기에는 너무 훌륭했다.

★★

☐ **remove**
[rimúːv]

동 치우다, 없애다

The poster on the wall had to be **removed** by this morning.
벽에 붙은 포스터는 오늘 아침까지 제거했어야 했다.

★★

☐ **resource**
[ríːsɔːrs]

명 자원, 재원, 재료

We need to establish a law that can protect our natural **resources**.
우리는 천연 자원을 보호할 수 있는 법을 제정해야 한다.

★★★★

☐ **reveal**
[rivíːl]

동 드러내다, 드러내 보이다

The Times is going to **reveal** a corruption scandal.
타임지는 부패 스캔들을 들추어 낼 것이다.

★ ★ ★ ★

sensitive
[sénsətiv]

형 민감한, 세심한, 감성 있는

You have to be careful when choosing cosmetics if you have **sensitive** skin.
민감한 피부라면 화장품을 고를 때 신중해야 한다.

★ ★ ★

sense

명 감각

★ ★ ★ ★ ★

suggest
[səgdʒést]

동 제안하다

The central bank **suggested** a rate raise in June.
중앙은행은 6월 금리 인상을 제안했다.

★ ★

temporary
[témpərèri]

형 일시적인, 임시의

He has to stay in a **temporary** residence while renovating his house.
그는 집이 고쳐지는 동안 임시거처에 머물러야 한다.

★★★★

analysis
[ənǽləsis]

몡 분석, 연구

I think it's necessary to give a general **analysis** of the topic.
나는 이 주제에 대한 일반적인 분석을 해주는 것이 필요하다 생각한다.

★★
analyze

통 분석하다

★★

award
[əwɔ́ːrd]

통 수여하다, 수여 · 지급 판정을 내리다
몡 상

Queen Anne **awarded** Handel a life pension of 200 pounds.
Anne 여왕은 Handel에게 200파운드의 연금을 수여했다.

This Web site includes **award**-winning information about the project.
이 웹사이트는 그 프로젝트의 수상 정보를 포함하고 있다.

★★

billion
[bíljən]

10억, 엄청난 양

The total should reach over 15 **billion**.
총액이 150억이 넘어야 한다.

★★★

category
[kǽtəgɔ̀ːri]

몡 범주

Deville has brought many chemical phenomena into a similar **category**.
Deville은 많은 화학 현상을 비슷한 범주에 포함시켰다.

★★

clue
[kluː]

명 단서

We have a crucial clue to the primary mechanism.
우리는 주요 메커니즘에 대한 중요한 단서를 가지고 있다.

★★★

curiosity
[kjùəriάsəti]

명 호기심

It is a strange curiosity of history.
그것은 역사에 관한 이상한 호기심이다.

★★

decorate
[dékərèit]

동 장식하다, 꾸미다

His study is decorated with ornamental sculpture.
그의 서재는 장식용 조각품으로 꾸며져 있다.

★★★

discussion
[diskʌ́ʃən]

명 논의, 상의

This brings us to the discussion of the uses of the mysterious item.
이것 때문에 우리가 신비한 물건의 사용법에 대해 논의하게 되었다.

★★
discuss

동 토론하다, 논의하다

★★★

exist
[igzíst]

동 존재 · 실재 · 현존하다

It exists because of the efforts of hundreds of volunteers.
그것은 수백 명의 자원봉사자의 노력 덕분에 존재한다.

★★★
existence

명 존재 · 실재 · 현존

★★★★★

express
[iksprés]

(동) 표현하다, (감정 · 의견 등을) 나타내다

Many musicians had often **expressed** a desire to get his advice.

많은 음악가들이 그의 조언을 얻고자 하는 열망을 자주 표현했다.

★★★

expression

(명) 표현, 표출

★★

fiber
[fáibər]

(명) 섬유, 섬유질, 섬유 조직

The **fiber** was derived from the native hemp plant.

이 섬유는 천연 마에서부터 나온 것이다.

★★★★★

fight
[fait]

(동) 싸우다 · 전투하다

I was unable to even make a show of **fighting**.

나는 전의를 보일 수 조차 없었다.

★★★

gloomy
[glú:mi]

(형) 어둑어둑한, 음울한

The prison of La Force was a **gloomy** prison, dark and filthy.

La Force 감옥은 어둡고 더러운 음울한 감옥이었다.

★★

humanity
[hju:mǽnəti]

(명) 인류, 인간, 인간애

Her tactfulness proceeded from genuine **humanity**.

그녀의 재기는 순수한 인간애에서 비롯된 것이다.

★★★★★

issue
[íʃuː]

동 발표 · 공표하다, 발행하다 　　명 쟁점, 사안

He issued a warrant.
그는 보증서를 발행했다.

The single greatest issue facing humanity is global climate change.
인류가 직면한 가장 큰 사안은 지구의 기후 변화이다.

★★

logical
[lάdʒikəl]

형 논리적인, 타당한, 사리에 맞는

This theory is at least coherent and logical.
이 이론은 최소한 일관적이고 논리적이다.

★★★★

manner
[mǽnər]

명 태도, 방식

His manners were humble.
그의 태도는 겸손했다.

★★★★

movement
[múːvmənt]

명 움직임, 이동, 운동

The detective's eyes followed his rapid movement.
그 수사관의 눈빛은 그의 빠른 움직임을 따라갔다.

★★★★

myth
[miθ]

명 신화

The myth is represented in an entirely different manner.
그 신화는 전혀 다른 방식으로 표현되었다.

★★★

participate
[pɑːrtísəpèit]

동 참가 · 참여하다

He did not participate in the conference.
그는 회의에 참가하지 않았다.

★★★
participation

명 참가 · 참여

★★

prejudice
[prédʒədis]

명 편견 　 동 편견을 갖게 하다

I try to look at them without prejudice.
나는 편견 없이 그들을 바라보려 노력한다.

★★★★

psychological
[sàikəlɑ́dʒikəl]

형 정신 · 심리의, 정신 · 심리적인

I conduct carefully planned psychological experiments.
나는 신중하게 계획된 심리학 실험을 수행한다.

★★★
psychologist

명 심리학자

★★★
psychology

명 심리학

★★★★

publish
[pʌ́bliʃ]

동 출판 · 발행하다

His first book, was first published in Warsaw.
그의 첫 책은 바르샤바에서 처음 출간되었다.

★★
publication

명 출판, 발행

★★★

refund
[ríːfʌnd]

동 환불

You may demand a refund in writing.
당신은 서면으로 환불을 요청할 수도 있습니다.

★★

region
[ríːdʒən]

명 지방, 지역

It appears most clearly in the upper regions of the atmosphere.
그것은 대기의 윗부분에서 가장 명확하게 나타난다.

★★★

release
[rilíːs]

동 풀어 주다, 석방 · 해방하다

He was released from prison last Thursday.
그는 지난 목요일 감옥에서 풀려났다.

★★

revise
[riváiz]

동 변경 · 수정하다, 개정하다

Maspero has revised the work.
마스페로가 그 작업을 수정하였다.

★★★★

rough
[rʌf]

형 거친, 난폭한, 개략적인

Four rough men in red caps entered the room.
빨간 모자를 쓴 거친 남자 4명이 방으로 들어왔다.

★★★★

serve
[səːrv]

동 일하다, 제공하다, 차려 주다, 돌아가다

He has served as an officer in the army.
그는 육군에서 장교로 복무하고 있다.

★★★★

stick
[stik]

동 고수하다, 붙이다, 찌르다   명 나뭇가지

He was determined to stick to his work.
그는 단호하게 그의 일에 몰두했다.

Take a stick and lift them from the water.
나뭇가지를 건져서 물 밖으로 빼내라.

★★★★★

agent
[éidʒənt]

몡 대리인, 중개상, 매개

She had her **agents** in Rome, France, and Spain.
그녀는 로마, 프랑스, 스페인에 대리인이 있다.

★★
agency

몡 대리점, 대행사

★★★★

annoyed
[ənɔ́id]

몡 짜증이 난, 약이 오른

He was **annoyed** to not find something incriminating.
그는 유죄를 증명할만한 증거를 찾지 못해 심기가 불편했다.

★★

badly
[bǽdli]

뷘 나쁘게

The company was **badly** managed, and they lost their best employees quickly.
회사의 경영상태가 나빠 그들은 좋은 직원을 빠른 속도로 잃었다.

★★

bite
[bait]
[bite - bit - bitten]

동 물다, 미끼를 물다

The mosquitoes **bite** me.
모기가 나를 물었다.

★★

coincidence
[kouínsədəns]

몡 우연의 일치, 동시 발생, (의견 등의) 일치

Here is a very remarkable **coincidence**.
여기에 매우 놀라운 우연의 일치가 있다.

★★★

defend
[difénd]

동 방어 · 수비하다

They had enough to do to **defend** themselves against their own enemies.
그들은 적으로부터 자신을 방어하도록 모든 일을 했다.

★★★

disadvantage
[dìsədvǽntidʒ]

명 불리한 점, 약점, 난점

It is wise for them to remember their terrible **disadvantages**.
그들은 그들의 끔직한 약점을 기억해 두는 것이 현명하다.

★★

disease
[dizíːz]

명 질병, 병, 질환

It was bitter medicine, but would cure the worst **disease**.
그것은 쓴 약이지만 가장 악질의 질병을 치료할 수 있었다.

★★

domain
[douméin]

명 영역 · 분야, (책임의) 범위

Cotton is especially known for his research in the **domain** of optics.
Cotton은 특별히 광학 분야의 연구로 유명하다.

★★★

favor
[féivər]

동 호의, 친절

He abdicated in **favor** of his son.
그는 그의 아들을 위해 왕위에서 물러났다.

in favor of

~을 위하여, ~에 찬성하여

★★
favorable

형 호의적인, 호의를 보이는

★★

flavored
[fléivərd]

형 맛이 나는, 풍미가 ~한

They had never tasted a finer flavored fish.
그들은 이보다 더 맛있는 생선요리를 맛본 적이 없었다.

★★★★★

grateful
[gréitfəl]

형 고마워하는, 감사하는

Pepin was sincerely grateful for this kindness on the part of the church.
Pepin은 교회에서 보여주는 친절함에 진심으로 감사했다.

★★★

hybrid
[háibrid]

명 잡종, 혼성체, 혼합물

This style is called a hybrid bicycle, as it is between a road bike and a mountain bike.
일반 자전거와 산악자전거의 중간 단계 자전거를 하이브리드(혼합형) 자전거라고 부른다.

★★

identity
[aidéntəti]

명 신원, 신분, 정체

Assistant Commissioner seemed to lose more of his identity with each passing week.
보좌관은 한 주가 지날 때마다 점점 더 그의 신분을 잊는 듯 보였다.

★★

mechanical
[məkǽnikəl]

형 기계로 작동되는, 기계와 관련된, 기계적인

It was caused by an adequate mechanical stimulation.
그것은 적절한 기계적 자극에 기인한 것이었다.

mention
[ménʃən]

동 말하다, 언급하다

You have mentioned that before.
그것은 당신이 전에 언급했습니다.

---

narrow
[nǽrou]

★★★★

형 좁은, 아슬아슬하게 된

His views are narrow and he has an irritable temper.
그의 시각은 편협하고 화를 잘 낸다.

---

passive
[pǽsiv]

★★★★

형 수동적인, 소극적인

This was no passive belief.
이것은 소극적인 믿음이 아니었다.

---

peak
[piːk]

★★★

명 (산의) 봉우리, 절정, 정점, 최고조

He had climbed the famous peak in Darien.
그는 Darien의 유명한 봉우리를 등반한 적이 있다.

---

prefer
[prifə́ːr]

★★★★★

동 ~을 (더) 좋아하다 · 원하다 · 택하다, 선호하다

I prefer to deal with a real accountant.
나는 진짜 회계사와 거래하는 것을 선호합니다.

---

preference

★★★

명 선호(도), 애호

---

produce
[prədjúːs]

★★

동 생산하다, 배출하다, 제작하다

One hero produces another.
한 명의 영웅은 다른 영웅을 만들어 낸다.

producer ★★
[형] 생산자, 생산 회사

★★★★★

rational
[rǽʃənl]

[형] 합리적인, 이성적인

These diversions are all **rational** attempts to relieve tension.
이러한 전환은 긴장을 줄이기 위한 합리적인 시도이다.

---

rationality ★★
[형] 순리성, 합리성, 도리를 알고 있음

★★★★

regularly
[régjələrli]

[부] 정기·규칙적으로

He doesn't have coffee or tea **regularly**.
그는 커피나 차를 규칙적으로 마시지 않는다.

★★★

relax
[rilǽks]

[동] 휴식을 취하다, 편안하게 하다

His wife's intercession would have made him **relax**.
그의 부인의 기도가 그를 편안하게 만들었을 것이다.

---

relaxation ★★
[명] 휴식

★★★

relation
[riléiʃən]

[명] 관계

He had business **relations** with me many years ago.
그는 나와 수년 전 사업상 관계가 있었다.

★★★

relevant
[réləvənt]

[형] 관련 있는, 적절한

Many of the articles seem not quite **relevant** to the topics.
기사 중 많은 것들이 주제와는 관계 없어 보인다.

★★★

represent
[rèprizént]

동 대표 · 대신하다, 나타내다, 표본이 되다

It is **represented** that he is not in strong health.
이것은 그의 건강 상태가 좋지 못하다는 것을 나타낸다.

★★★★

route
[ru:t]

명 경로, 노선

The visitor was indicating a **route** with his pencil.
그 방문객은 그의 연필로 노선을 가리켰다.

★★★
routine

명 규칙적으로 하는 일의 통상적인 순서와 방법

★★★★

status
[stéitəs]

명 신분, 자격, 지위, 중요도

His social **status** differed from the others.
그의 사회적 지위는 나머지 사람들과는 달랐다.

★★

treasure
[tréʒər]

명 보물

If we find a **treasure** here, what are you going to do with your share?
만약에 여기서 보물을 발견한다면 당신 몫으로 무엇을 할 건가요?

★★★★

vary
[véəri]

동 서로 다르다, 상황에 따라 달라지다

Neurons **vary** greatly in length.
신경 세포는 길이가 서로 크게 다르다.

★★★
variety

명 다양성

★★★★★

anger
[ǽŋɡər]

명 화, 분노   동 화나게 하다

Defense is attested in the display of anger.
방어는 분노의 표시이다.

★★

barely
[béərli]

부 거의 ~아니게, 간신히, 빠듯하게

Some pieces were barely heated at all.
몇 조각은 전혀 데워지지 않았다.

★★★★

beneficial
[bènəfíʃəl]

형 유익한, 이로운

Some insects may be very destructive to crops, others are beneficial.
어떤 곤충은 농작물에 큰 피해를 줄 수도 있지만 다른 것들은 유익하다.

★★

bitter
[bítər]

형 혹독한, 격렬한, 매서운, 맛이 쓴

He was a bitter persecutor of the Protestants.
그는 신교도에게는 악랄한 박해자였다.

★★

colony
[kάləni]

명 식민지, 식민지 이민단

The queen leaves with about half of the workers to establish a new colony.
여왕은 새로운 식민지 설립을 위해 일꾼들의 약 절반과 함께 떠난다.

★ ★

complicated
[kάmplikèitid]

형 복잡한

Modern history becomes very complicated.
근대사는 매우 복잡하다.

★ ★ ★

discount
[dískaunt]

명 할인　　동 (무가치한 것으로) 치부하다, 무시하다

The shop has started a clearance sale with up to a 90% discount.
그 상점은 90% 할인을 해주는 점포 정리 세일을 시작했다.

★ ★ ★

disguise
[disgáiz]

명 변장, 위장　　동 변장 · 가장하다, 숨기다

He was seized while attempting to escape in disguise.
그는 변장하고 탈출을 시도하는 도중에 잡혔다.

★ ★

dozen
[dʌ́zn]

명 12개짜리 한 묶음, 다스

A dozen years later it had 75,000 inhabitants.
12년 후에, 주민이 7만 5천 명이 되었다.

★ ★

engaged
[engéidʒd]

형 ~하느라 바쁜, ~와 약혼한

I had forgotten that I was already engaged.
나는 이미 약혼했다는 사실을 잊고 있었다.

★ ★

festive
[féstiv]

형 축제의, 기념일의, 축하하는

On these festive occasions, the whole nation met together.
이런 축제를 통해 온 나라 전체가 하나가 되었다.

★ ★
festival

명 축제, 기념제

★★

flow
[flou]

[동] 흘러가다, 말이 술술 나오다 [명] 흐름, 밀물, 말

The waters will **flow** out again.
물이 다시 흘러 넘칠 것이다.

★★

illustration
[ìləstréiʃən]

[명] 삽화, 실례

A simple **illustration** will enable us to see more clearly how it works.
간단한 삽화로도 우리는 그것이 어떻게 작동하는지 볼 수 있게 해줄 것이다.

★★★★★

include
[inklúːd]

[동] 포함하다

It's impossible to **include** the last decade's discoveries in one report.
지난 10년간의 발견을 하나의 보고서에 모두 포함하는 것은 불가능하다.

★★★

increase
[inkríːs]

[동] 증가하다, 인상되다, 늘다

It was quite easy for the Kings to **increase** their royal power.
왕족의 권력을 강화시키는 것이 왕들에게는 꽤 쉬운 일이었다.

★★

minimize
[mínəmàiz]

[동] 최소화하다

Certain drugs may **minimize** the acute fear of a surgical operation.
어떤 약물이 외과 수술에 대한 극심한 공포를 최소화할 수 있다.

★★ **minimal** — [형] 아주 적은, 최소의

★★ **minimum** — [형] 최저의, 최소한의

★★

monetary
[mɑ́nətèri]

형 통화 · 화폐의

They were soon involved in monetary troubles.
그들은 곧 화폐 문제에 휩쓸리게 되었다.

★★★★

nation
[néiʃən]

명 국가

Elizabeth was always popular with the nation.
Elizabeth는 항상 전국적으로 인기가 많았다.

★★★★
national

형 국가적인, 전국적인

★★★★

perception
[pərsépʃən]

명 자각, 지각, 통찰력, 인식

There are philosophical controversies over the nature of space and our perception of it.
우주의 본질과 그것의 인식에 대한 철학적 논쟁이 존재한다.

★★★★

perspective
[pəːrspéktiv]

명 관점, 시각

This was due to a difference in perspective.
이것은 다른 관점의 차이에서 비롯되었다.

★★★

physic
[fízik]

명 약, 약제

I will give him physic when he wakes up.
그가 일어나면 내가 그에게 약을 줄 것이다.

★★★
physician

명 내과의사

★★★★★

raise
[reiz]

동 들어올리다, 일으키다, 인상하다, 되살리다

They tried to **raise** the Catholics on their way.
그들은 그들의 방법으로 천주교를 일으키려 했다.

★★

randomly
[rǽndəmli]

부 무작위로

I just wrote the words down **randomly**.
나는 그냥 무작위로 단어를 적었다.

★★★★

receive
[risíːv]

동 받다, 받아들이다, 환영하다, 인정하다

I have expected to **receive** good grades.
나는 좋은 성적을 받을 것이라고 예상했다.

★★★
receipt
명 영수증

★★

relieve
[rilíːv]

동 안도하게 하다, 없애 주다

I sought to **relieve** my mind.
나는 내 마음이 편안해지기를 바랐다.

★★★
relief
명 안도, 안심

★★★

remark
[rimáːrk]

명 논평 · 발언 · 말 · 언급

He made a **remark** in a debate about taxing the theatres.
그는 극장에 매기는 세금에 대한 논쟁에 대해 논평했다.

★★
remarkable
형 놀랄 만한, 놀라운, 주목할 만한

★★★

reservation
[rèzərvéiʃən]

명 보호구역, 예약, 의구심

They are reluctant to leave their reservation.
그들은 보호구역을 떠나는 것을 망설인다.

★★
reserved

형 말을 잘 하지 않는, 내성적인

★★★★

rural
[rúərəl]

형 시골의, 지방의

In the rural districts most of the mosquitoes breed in stagnant ponds.
시골에서는 모기 대부분이 고여있는 연못에서 번식한다.

★★★★

save
[seiv]

동 구하다, 저축하다, 모으다

He could have saved Lucie's husband.
그는 Lucie의 남편을 구할 수도 있었다.

★★★★
saving

명 절약, 저축, 예금

★★

sincerely
[sinsíərli]

부 진심으로

He sincerely wanted the King to escape abroad.
그는 진심으로 왕이 국외로 탈출하기를 바랐다.

★★

salary
[sǽləri]

명 급여, 봉급, 월급

He began to receive a small salary in return for his services.
그는 복무의 대가로 적은 봉급을 받기 시작했다.

★★★★

technology
[teknάlədʒi]

(명) 기술, 기계, 장비

The company is working on new technology to produce high resolution monitors.

그 회사는 고화질 모니터를 생산하기 위해 새로운 기술 개발에 힘쓰고 있다.

★★★
technological

(형) 기술적인

★★

toss
[tɔːs]

(동) (가볍게 · 아무렇게나) 던지다

He got up, tossed his hat on, and walked out.

그는 일어나서 모자를 툭 쓰더니 나가버렸다.

★★★

typically
[típikəlli]

(부) 보통, 일반적으로, 전형적으로

It's not the way he typically acts.

이것은 그가 일반적으로 행동하는 방식은 아니다.

★★
typical

(형) 전형적인, 대표적인, 늘 하던 식의

★★★★

version
[və́ːrʒən]

(명) 판, 설명

Taoism was merely an early Chinese version of the Golden Rule.

도교는 단지 그저 초기 중국 판의 황금률일 뿐이었다.

Part 1. DAY 6

★★★★★

achieve
[ətʃíːv]

동 달성하다, ~을 해내다, 성공하다

How few there are who finally achieve their ideals!
마지막까지 자신의 이상을 실현하는 사람이 얼마나 적은가!

★★★★★
achievement

명 성취

★★★★

admission
[ædmíʃən]

명 입장, 가입, 입학, 입회, 인정

The charge for admission was no less than thirty dollars.
입장료가 자그마치 30달러나 되었다.

★★★★★

associate
[əsóuʃièit]

명 동료, 준회원　　동 관련하다, 연상하다, 찬성하다

He and his associates recommended Walter.
그와 그의 동료들이 Walter를 추천했다.

All associated files of various formats will be found in this box.
그것과 관련된 여러 형태의 파일을 이 상자에서 찾을 수 있을 것이다.

★★★
association

명 협회, 연계, 제휴

★★

blank
[blæŋk]

형 빈, 녹음 되지 않은, 무표정한, 멍한
명 빈칸, 공백, 아무것도 기억나지 않음

The Aristocrat had drawn a blank.
귀족들은 아무것도 기억하지 못했다.

★★

comfort
[kʌ́mfərt]

명 안락, 편안, 위로, 위안

There were several reasons why he was denied this comfort.
그가 이런 편안함을 거부한 데에는 몇 가지 이유가 있었다.

★★★★

competitive
[kəmpétətiv]

형 경쟁하는, 경쟁력이 있는, 경쟁심이 강한

Online games are almost exclusively individualistic and competitive.
온라인 게임은 극도로 개인적이고 경쟁적이다.

★★
compete
★★
competent
★★
competitor

동 경쟁하다, 참가하다

형 경쟁적인

명 경쟁자

★★★

concentrate
[kɑ́nsəntrèit]

동 집중하다, 집중시키다, 농축시키다

This course will concentrate on limited topics.
이 강좌는 제한된 주제에 집중할 것이다.

★★★
concentration

명 집중

★★★

distraction
[distrǽkʃən]

명 집중을 방해하는 것, 잡생각

There were many distractions in to her thought.
그녀는 잡생각이 많았다.

★★★
distracted

형 산란한, 산만한

★★★

dust
[dʌst]

명 먼지, 가루　　동 먼지를 털다

Her trophies are all covered with dust.
그녀의 트로피는 모두 먼지에 뒤덮여 있다.

★★

eager
[íːgər]

형 열렬한, 간절히 바라는, 열심인

The wood-pigeons were eager to be fed.
산비둘기는 간절히 먹이를 원했다.

be eager to　　　　간절히 ~하고 싶어 하다

★★

environment
[inváiərənmənt]

명 환경, 컴퓨터 환경

We may form the habit of enjoying the beautiful in our environment.
우리는 우리 환경의 아름다움을 즐기는 습관을 가지게 될 것이다.

★★

forever
[fərévər]

부 영원히, 아주 오랜 시간

Her royal husband left England forever.
그의 왕족 남편은 영국을 영원히 떠났다.

★★

incorporate
[inkɔ́ːrpərèit]

동 포함하다, 설립 · 창립하다

He was taking note of all such things, thinking to incorporate them in his report.
그는 이것 저것을 노트에 적으며 그것들을 보고서에 포함시킬 생각을 하고 있었다.

★★★

☐ **intent** [inténts]

[형] 강한 관심 · 흥미를 보이는, 몰두 · 열중하는
[명] 의지, 의향, 목적, 계획

I reached the town **intent** on calling him back.
나는 그를 다시 부를 생각으로 마을로 왔다.

She had done so with no bad **intent**.
그녀는 나쁜 의도 없이 그렇게 했다.

★★ **intention** [명] 의사, 의도, 목적

★★★★★

☐ **lonely** [lóunli]

[형] 외로운, 쓸쓸한

I amuse myself, and never feel **lonely**.
나는 내 자신을 즐겁게 해서 절대 외로움을 느끼지 않는다.

★★ **loneliness** [명] 외로움, 고독

★★

☐ **nuclear** [njúːkliər]

[형] 원자력의, 핵무기의

Nuclear energy is a good source of electricity.
원자력은 전기를 만들기 위한 좋은 원료이다.

★★★

☐ **nutrient** [njúːtriənt]

[명] 영양소, 영양분

You are supposed to have balanced diet without **nutrient** deficiency.
당신은 영양 결핍 없는 균형 잡힌 식이요법을 해야 한다.

★★★ **nutrition** [명] 영양

★★★

☐ **obtain** [əbtéin]

[동] 얻다 · 구하다 · 입수하다, 존재하다

We may **obtain** this fine scent from the flower.
우리는 이런 좋은 향을 꽃에서 얻을 수 있다.

★★★★

overcome
[òuvərkʌ́m]

명 이기다, 극복하다, 압도당하다

He thinks that there is no chance of being enabled to overcome in the future.
그는 앞으로는 이길 수 있는 기회가 없을 것이라고 생각한다.

★★★★

performer
[pərfɔ́:rmer]

명 연기자, 연주자

He is famous both as a performer and composer.
그는 연주자와 작곡가로 유명하다.

★★★
perform
동 연기하다, 연주하다, 수행하다, 실시하다

★★
performance
명 연기, 연주, 실적

★★★

pity
[píti]

명 연민, 동정(심), 불쌍히 여김

On hearing the news, my heart ached with pity.
그 소식을 듣고, 가여워서 가슴이 아팠다.

★★

refer
[rifə́:r]

동 언급하다, 조회하다, 위탁하다, 주목하게 하다

I have a question referring to your recent report.
당신의 최근 보고서에 대해 질문이 있습니다.

★★
reference
명 말하기, 언급, 언급 대상, 언급한 것

★★

remind
[rimáind]

동 상기시키다, 다시 한번 알려주다

I reminded him that there was a line we couldn't cross.
나는 그에게 우리가 넘지 말아야 할 선이 있다고 일깨워 주었다.

★★

resident
[rézidənt]

몡 거주자, 주민, 투숙객

They used to be **residents** there.
그들은 그곳 주민이었다.

★★★★

scene
[siːn]

몡 장면, 현장

I had to leave during the cruel closing **scene** of the drama.
나는 그 드라마의 잔인한 마지막 장면에서는 잠시 자리를 비워야 했다.

★★★★

selection
[silékʃən]

몡 선발, 선정, 선택

We have a wonderful **selection** of wines from France now in stock.
우리는 훌륭한 프랑스산 와인을 현재 재고로 갖춰놓고 있다.

★★★
select

통 선택하다

★★★

sentence
[séntəns]

몡 문장, 형벌, 선고   통 선고하다

I'd like to quote one more **sentence**.
나는 한 문장 더 인용하고 싶다.

He was **sentenced** to death.
그는 사형선고를 받았다.

★★★★

separate
[sépərèit]

톙 분리된, 따로 떨어진, 독립된
통 분리되다, 나뉘다, 헤어지다

If water is very carefully poured on to alcohol, the two layers will remain **separate**.
물을 알코올에 조심스럽게 부으면, 두 개의 층이 분리된다.

★★
separation

몡 분리

★★★

solitude

[sάlitjùːd]

명 (즐거운) 고독

No one tried to disturb his solitude.
누구도 자신의 고독을 방해받고 싶지 않아 한다.

★★
solitary

형 혼자 하는

★★★★★

technique

[tekníːk]

명 기법

He corrects the errors of his own technique.
그는 그만의 방법으로 오류를 수정한다.

★★★★
technical

형 과학기술의, 기술적인

★★
utility

[juːtílәti]

명 공익사업, 유용성   형 다용도의

They have a certain utility and adapt themselves more
or less to their environment.
그들은 일정한 쓰임이 있고 그것들을 환경에 다소 적용한다.

★★★★

affect
[əfékt]

동 영향을 미치다, 발생하다, 가장하다

This medicine only **affects** the symptoms, it doesn't cure a cold.
이 약은 증상에만 영향을 미치고 감기를 낫게 하는 것은 아니다.

★★★★★

bear
[bɛər]
[bear – bore – beared]

동 참다, 견디다

I can **bear** anything but uncertainty.
나는 불확실성만 빼고는 어떤 것도 참을 수 있다.

★★

blow
[blou]

동 입으로 불다, 바람에 날려보내다, 강타하다
명 충격, 강타

A fresh breeze is **blowing** on her face.
그녀의 얼굴로 산들바람이 불고 있다.

This was a great **blow** to Mozart and his father.
이것은 Mozart와 그의 아버지에게 큰 충격이었다.

[blow - blew - blown]

★★

broad
[brɔːd]

형 폭이 넓은, 광대한, 강한, 분명한

The hint was **broad** enough, even for me.
그 힌트는 심지어 나에게도 너무나 분명했다.

★★★

conduct
[kándʌkt]

동 지휘하다, 안내하다, 처신하다

He didn't understand how to **conduct** the orchestra.
그는 오케스트라 지휘를 어떻게 해야 하는지 이해하지 못했다.

★★★★

consider
[kənsídər]

동 고려하다, 여기다, 생각하다

I consider the following method is unworthy of discussion.
나는 다음 방법을 논할 가치가 없다고 생각한다.

★★★
consideration   명 사려, 숙고, 고려사항

★★
considerable   형 상당히 많은

take into consideration   ~을 고려하다

★★

earn
[əːrn]

동 돈을 벌다, 수익을 올리다, 자격을 갖추다

I know how difficult it is to earn money.
나는 돈을 버는 게 얼마나 어려운지 알고 있다.

★★
earning   명 벌기, 획득, 수입, 소득

★★★

efficiently
[ifíʃəntli]

동 능률적으로, 유효하게

The choir becomes efficiently trained under the circumstances.
합창단은 여러 상황 속에서 효과적으로 훈련 받고 있다.

★★
efficient   형 능률적인, 유능한, 효율적인

★★★

excess
[iksés]

명 지나침, 과도, 과잉   형 초과한

An excess of chrome impairs the color.
크롬이 지나치면 색을 망친다.

★★★
exceed   동 넘다, 초과하다

★★★
excessive   형 지나친, 과도한

★★

expectation

[èkspektéiʃən]

[명] 기대, 예상, 요구

Contrary to his father's **expectations**, Jack didn't win the challenge.

그의 아버지의 기대와는 다르게, Jack은 그 도전에서 승리하지 못했다.

★★

freezing

[frí:ziŋ]

[형] 추운, 영하의, 결빙의

Sweet wines will bear icing down to almost the **freezing** point.

스위트 와인은 거의 빙점의 온도까지 온도를 낮추어도 견뎌 낸다.

★★

individuality

[ìndəvìdʒuǽləti]

[명] 개성, 특성

His **individuality** showed in his music.

그의 개성이 음악 속에서 나타난다.

★★★

latter

[lǽtər]

[형] 마지막의, 후자의, 후반기의

The **latter** operation is effected about the commencement of July.

마지막의 작전은 7월 초에 개시된다.

★★★★★

main

[mein]

[형] 가장 큰, 중요한, 주된

The **main** value of this piece lies in the new style of display.

이 작품의 가장 중요한 가치는 새로운 전시 방법에 있다.

★★★★

mainly [부] 주로

★★★

occasionally
[əkéiʒənəli]

부 가끔, 때때로

The play equipment is occasionally loaned.
공연 장비들은 때때로 대여되기도 한다.

★★

odd
[ɔd]

형 이상한, 특이한

His behavior was odd but interesting.
그의 행동은 이상했지만 흥미로웠다.

★★

pass
[pæs]

동 합격하다, 지나가다, 통과하다

The test was too difficult for me to pass.
그 시험은 내가 합격하기에는 너무 어려웠다.

★★
passage

명 통로, 복도

★★★★

piece
[piːs]

명 한 개, 조각, 부품

It resembles a piece of perfectly pure ice.
그것은 완벽하게 깨끗한 얼음 한 조각과 닮았다.

★★★

plate
[pleit]

명 접시, 그릇, 요리, 금속

He left some coins on his plate.
그는 그의 접시 위에 동전 몇 개를 남겼다.

★★★★

plenty
[plénti]

형 풍부한   부 많이, 충분히 큰, 대단히

Wash the car with plenty of water.
물을 충분히 해서 차를 닦아라.

promise
★★★★★

[prάmis]

명 약속, 가능성, 장래성　동 약속하다, ~일 것 같다

He completely forgot his promise to return to his office by 4.
그는 4시까지 사무실로 돌아오기로 한 약속을 완전히 잊었다.

---

promising
★★★

형 유망한, 촉망되는, 조짐이 좋은

---

refined
★★★

[rifáind]

형 정제된, 세련된, 고상한

I was amazed with his refined manners.
나는 그의 세련된 매너에 감탄했다.

---

replace
★★★

[riplέis]

동 대체되다, 교체되다

Updated editions will replace the previous one.
이전 작품이 개정판으로 대체 될 것이다.

---

root
★★

[rut]

명 뿌리

White milky juice comes out of the root when it's fresh.
뿌리가 신선할 때 뿌리에서 하얀색 우유 같은 액체가 나온다.

---

shift
★★★★

[ʃift]

동 자세를 바꾸다, 서두르다, 입장을 바꾸다
명 변화, 교대시간, 교대조

I can testify that they have not shifted.
나는 그들이 말을 바꾸지 않았다고 증언할 수 있다.

★ ★

specifically
[spisífikəli]

부 특별히, 분명히, 명확하게

There is nothing specifically different from the last version.

지난번 것과 특별히 달라진 점이 없다.

★ ★ ★ ★ ★

supply
[səplái]

명 공급, 비축, 보급품   동 공급하다, 제공하다

A small river has become flooded with a sudden over supply of water.

갑작스런 많은 물의 공급으로 작은 강이 범람하게 되었다.

★ ★ ★ ★

trend
[trend]

명 동향, 유행, 추세

Our products follow the trend set by New York fashion industry.

우리의 제품은 뉴욕 패션계의 동향을 따른다.

★ ★

vaccine
[vǽksi(:)n]

명 백신

We can prevent diseases with vaccines.

우리는 백신으로 질병을 예방할 수 있다.

★★★★

advantage
[ædvǽntidʒ]

명 이점, 장점

The experienced owners know how to take **advantage** of opportunities.
경험이 많은 주인들은 기회를 활용하는 방법을 알고 있다.

★★★★

ahead
[əhéd]

형 앞으로, 앞에

There must be a lot of good things **ahead** of us.
우리 앞에 분명 좋은 일이 많을 것이다.

★★★★

aspect
[ǽspekt]

명 측면, 상황, 양상

The principle is viewed in a new **aspect**.
그 규칙은 새로운 측면으로 보여졌다.

★★★★★

belief
[bilíːf]

명 신념, 확신, 믿음

There were some doubts as to the sincerity of his **belief**.
그의 믿음의 진정성에 대한 몇 가지 의문이 들었다.

★★

bone
[boun]

명 뼈, 뼈로 만든 것

Objects in ivory, **bone**, and horn are in our museums.
상아, 뼈, 뿔로 만든 물건들이 우리 박물관에 있다.

bulletin
[búlətin]

명 뉴스, 단신, 화보, 공고

Other notices describe in the bulletin board.
다른 공지들이 게시판에 설명되어 있다.

★★★

confusing
[kənfjúːziŋ]

형 혼란스러운, 헷갈리는

His explanation was so confusing.
그의 설명은 너무 혼란스러웠다.

★★

corporation
[kɔ̀ːrpəréiʃən]

명 기업, 회사

I've been working for a multinational corporation.
나는 다국적 기업에서 일하고 있다.

★★★★

courage
[kə́ːrid]

명 용기, 결의

I don't have enough courage to tell the truth.
나는 진실을 말할 용기가 없다.

★★

elaborate
[ilǽbərèit]

동 자세히 설명하다, 상술하다   형 정교한, 공을 들인

Can you elaborate on the idea?
그 제안에 대해 좀 더 자세히 설명해주시겠습니까?

★★★

executive
[igzékjətiv]

명 경영·운영, 간부·이사·중역
형 고급의, 경영의, 행정의

They want to talk with the executives.
그들은 간부와 이야기하기를 원한다.

He booked an executive suite for me.
그는 나를 위해 고급 특실을 예약했다.

★★

fairy

[féəri]

[명] 요정

My grandmother used to tell me **fairy** tales.

우리 할머니는 내게 요정 이야기를 해주곤 했다.

★★★

fatigue

[fətíːg]

[명] 피로

He was not strong enough to bear the **fatigues** of a soldier's life.

그는 군인의 삶이 주는 피로를 견딜 만큼 충분히 강하지 못했다.

★★

genre

[ʒɑ́ːnrə]

[명] 장르

I like to arrange my books by **genre**.

나는 내 책들을 장르별로 정리하는 것을 좋아한다.

★★

instruction

[instrʌ́kʃən]

[명] 설명, 지시, 명령, 가르침

He did not actually receive proper **instruction**.

그는 사실 정확한 지시를 받지 못했다.

★★★

literally

[lítərəli]

[부] 문자 그대로, 그야말로, 정말로

I wrote the words down **literally** as he spoke.

나는 그가 말한 단어를 그대로 받아 적었다.

★★★ **literary** [형] 문학의

★★★★★

obvious
[ábviəs]

형 분명한, 명백한, 너무 빤한

It's obvious he is guilty.
그가 유죄라는 것이 명백하다.

★★★★
obviously

부 명백하게, 분명하게

★★

outcome
[áutkʌm]

명 결과, 성과

It is all the outcome of his hard work.
이것은 그가 열심히 일한 성과이다.

★★★

persuasive
[pərswéisiv]

형 설득력 있는

She is a woman of persuasive eloquence.
그녀는 설득력 있는 말솜씨를 가진 여자이다.

★★★

poverty
[pávərti]

명 가난, 빈곤, 부족

After his father died, his family was left in poverty.
아버지가 돌아가신 후 그의 가족은 빈곤 속에 남겨졌다.

★★★★

principle
[prínsəpəl]

명 원칙, 법칙, 원리, 신조

The principle would only be a law of probability.
이 원리는 개연성의 문제일 수 있다.

profit
[práfit]

명 이익, 수익, 이윤

They bought and sold whatever to bring them a good **profit**.
그들은 수익이 나는 것은 무엇이든 사고 팔았다.

---

profitable
★ ★

형 수익성이 있는

---

reply
[riplái]

동 답장을 보내다, 응하다, 대응하다

He did not **reply** in words but by raising his hands.
그는 말로 대답하지는 않았지만 손을 들었다.

---

rush
[rʌʃ]

동 급히 움직이다, 서두르다

I've had to **rush** to wrap up my work.
나는 일을 마치기 위해 좀 서둘러야 했다.

---

scheduled
[skédʒu(:)ld]

명 예정된, 표에 기입된

We tried hard but we couldn't make the **scheduled** deadline.
우리는 열심히 노력했지만 예정된 기일을 맞추지 못했다.

---

statement
[stéitmənt]

명 성명, 진술, 서술, 결정

They don't think her **statement** is trustworthy.
그들은 그녀의 진술이 믿을 만하다고 생각하지 않는다.

★★★★★

stock

[stak]

명 재고, 저장품, 주식 자본

Their stock includes considerable quantities of imported goods.
그들의 재고는 많은 양의 수입품들을 포함하고 있다.

★★

store

[stɔːr]

동 저장하다, 기억하다

The newly-bottled wine is at first stored in a warm place.
병에 새로 담은 와인은 처음에는 따뜻한 곳에 보관된다.

★★★

surrounding

[səráundiŋ]

명 환경   형 인근의, 주위의

She did not seem to recognize our surroundings at all.
그녀는 우리 주위 환경을 전혀 알아채지 못하는 듯 했다.

★★★

trust

[trʌst]

동 신뢰하다, 신임하다   명 신뢰, 신임, 신탁

I cannot trust my boss in this matter.
나는 이 문제에 관해 내 상사를 믿을 수 없다.

★★★★★

☐ **account**
[əkáunt]

뗑 계좌, 장부, 신용 거래, 외상 장부

I need to open a new **account**.
나는 새 계좌를 개설해야 한다.

★★★★

☐ **allow**
[əláu]

동 용납하다, 허락하다, 들어오게 하다

Please **allow** me to help you.
당신을 도울 수 있게 허락해주세요.

★★★★

☐ **apply**
[əplái]

동 적용하다, 바르다, 신청하다, 쓰다

How does this hypothesis **apply** to surgical operations?
이 가설이 어떻게 외과수술에 적용될 수 있는가?

★★★
application

뗑 지원(서), 적용, 응용, 바르기, 도포

★★★★

☐ **artistic**
[ɑ:rtístik]

톙 예술의, 예술적 감각이 있는, 예술적인

He became the **artistic** manager of the Italian Opera.
그는 이탈리아 오페라의 예술감독이 되었다.

★★★★★

☐ **below**
[bilóu]

젼 아래에, 밑에

The ferryboat stopped three miles **below** the town.
그 페리가 마을 3마일 아래에 멈췄다.

★★

burn

[bəːrn]

[burn – burnt – burnt]

동 불에 타다, 태우다, 화상을 입히다

She knows that he will **burn** his fingers.
그녀는 그가 손가락을 데일 것이라는 걸 알고 있다.

★★

cage

[keidʒ]

명 새장   동 새장에 가두다

She kept a pair of doves in a small **cage**.
그녀는 한 쌍의 비둘기를 새장 안에 두었다.

★★★★

charity

[tʃǽrəti]

명 자선단체, 자선, 관용

He would have died without the **charity**'s help.
자선단체의 도움이 없었다면 그는 죽었을 것이다.

★★

countryside

[kʌ́ntrisàid]

명 시골 지역, 전원 지대

I don't like living in the **countryside**.
나는 시골에서 사는 것을 좋아하지 않는다.

★★★
rural

형 시골의

★★★★

creativity

[kriːeitiviti]

명 창조적임, 창조성, 독창력, 창조력

I was amazed by his **creativity**.
나는 그의 창조력에 감탄했다.

★★★
create

동 창조·창작·창출하다

★★
creature

명 생명이 있는 존재, 생물

★★
creation

명 창조, 창작, 창출

★★★★

crucial

[krúːʃəl]

(형) 중대한, 결정적인

This **crucial** question should be answered by the President.
이 결정적인 문제에 대한 답은 대통령이 주어야만 한다.

★★

emphasis

[émfəsis]

(명) 강조, 역점, 주안점

We must place special **emphasis** on this point.
우리는 그 점을 특별히 강조해야 한다.

★★
emphasize

(동) 강조하다

★★★

expert

[ékspəːrt]

(명) 전문가   (형) 전문가의, 전문적인, 숙련된

I am not an **expert** in crafting.
나는 공예 전문가가 아니다.

★★
expertise

(명) 전문 지식·기술

★★★

fence

[fens]

(명) 울타리

He might throw you over that **fence**, too.
그는 너도 저 울타리 너머로 던져버릴지도 몰라.

★★

filter

[fíltər]

(명) 필터, 여과장치
(동) 여과하다, 스며들다, 서서히 이동하다

The company uses **filtering** to keep out harmful websites.
그 회사는 유해 웹사이트를 걸러내기 위해 여과장치를 사용하고 있다.

grant

[grɑːnt]

★★

동 승인 · 허락하다, 인정하다   명 보조금

Don't take me for granted.
나를 당연하게 생각하지 마.

league

[liːg]

★★

명 수준, 리그, 연맹

You are not in my league.
너는 내 수준에 미치지 못해.

pack

[pæk]

★★★

동 싸다 · 꾸리다 · 챙기다, 포장하다, 보관하다

I'll pack a lot of sandwiches and put in a can of juice.
나는 샌드위치를 많이 싸고, 주스 한 캔 넣을 거야.

package

★★

명 소포, 꾸러미

path

[pɑːθ]

★★★★★

명 길, 방향

I was indeed on a very good path.
나는 정말 좋은 방향으로 가고 있었다.

patience

[péiʃəns]

★★

명 인내력, 인내심, 참을성

She finally lost patience.
그녀의 인내심이 결국 바닥났다.

patient

★★★

형 참을성 있는, 인내하는   명 환자

post
[poust]

명 게시, 우편, 우편물, 일자리, 구역
동 게시하다, 발송하다, 붙이다

The post is about his departure.
그 게시물은 그의 출발에 대한 것이다.

★★
poster　　명 포스터, 벽보

★★★★

properly
[prάpərli]

부 제대로, 적절히

You must pronounce his name properly.
너는 그의 이름을 제대로 발음해야 한다.

★★★
proper　　형 적절한, 제대로 된

★★★

purpose
[pə́:rpəs]

명 목적, 용도, 의도, 결단력

I called you on purpose to tell you this.
너에게 이 말을 하려고 일부러 전화를 했다.

on purpose　　고의로

★★★

rapidly
[rǽpidli]

부 빨리, 급속히, 신속히, 순식간에　　형 빠른

The boat sank rapidly.
그 배는 빠르게 가라앉았다.

★★
rapid　　형 빠른

★★★★

reflection
[riflékʃən]

명 상, 반영, 반사

It is a painful reflection of society.
그것은 고통스러운 사회의 단면이다.

★★★
reflect　　동 반영하다, 투영하다, 반사하다

★★

respect
[rispékt]

동 존경하다

His children not only loved, but also **respected** him.
그의 아이들은 그를 사랑할 뿐 아니라 존경했다.

★★

respectively
[rispéktivli]

부 각자, 각각, 제각기

Most of his friends settled **respectively** in Italy, Poland and England.
그의 친구들 대부분은 각각 이탈리아, 폴란드, 영국에 정착했다.

★★★

seldom
[séldəm]

형 좀처럼 ~하지 않는

It is **seldom** advantageous for an emigrant.
그것은 이민자들에게는 거의 유리하지 않다.

★★

static
[stǽtik]

명 정전기   형 고정된 · 고정적인, 정지 상태의

I'm looking for an anti-**static** spray.
나는 정전기 방지 스프레이를 찾고 있다.

★★

steady
[stédi]

형 꾸준한, 고정적인, 안정된

Slow and **steady** wins the race.
천천히 꾸준히 하면 승리한다.

★★
steadily

부 안정적으로, 착실하게, 끊임없이

★★★

strength
[streŋkθ]

명 힘, 기운, 용기, 영향력

Their **strength** could last but a little while.
그들의 영향력은 다소간 지속될 수 있었다.

★★★★

valuable
[vǽljuːəbəl]

형 소중한, 귀중한, 값비싼

I have had the valuable assistance of my associates.
나는 내 지인들의 소중한 원조를 받고 있다.

★★

variation
[vὲəriéiʃən]

명 변화, 차이, 변형, 변주곡

It is the variation of the free energy.
이것은 자유 에너지의 변형이다.

★★

violence
[váiələns]

명 폭행, 폭력, 맹렬함

The skunk is quite effectively protected from violence by its peculiar odor.
스컹크는 특유의 향으로 폭력으로부터 자신을 효과적으로 보호한다.

★★★★★

accurate
[ǽkjərit]

형 정확한, 정밀한, 명중하는

No one has very accurate sense of the weight.
무게를 정확히 느낄 수 있는 사람은 없다.

★★
accuracy   명 정확, 정확도

★★
accurately   부 정확히, 정밀하게

★★★★

ashamed
[əʃéimd]

명 부끄러운

I am quite ashamed of myself for what I did.
내가 한 일 때문에 내 자신이 정말 부끄럽다.

be ashamed of   ~을 부끄러워하다

★
shame   명 수치, 부끄러움

★★★★

atmosphere
[ǽtməsfiər]

명 대기, (방이나 한정된 공간의) 공기, 기운, 분위기

Finally, the sleepy atmosphere stirred.
마침내 졸린 방안의 분위기가 환기되었다.

★★★★

automatically
[ɔ:təmǽtikəli]

부 무의식적으로, 자동적으로, 기계적으로

When he said 'Stand up', I stood automatically.
그가 '일어나'라고 했을 때 나는 무의식적으로 일어났다.

★★
automatic   형 자동의, 무의식적인, 반사적인

★★★★

board
[bɔːrd]

(명) 판자, 널, 판

She lifted a **board** from the floor.
그녀는 판자를 바닥에서 들어올렸다.

★★

chamber
[tʃéimbər]

(명) 회의실, 공간, 침실

She cried out to the boys in the **chamber** for help.
그녀는 침실에 있는 아이들에게 소리쳐 도움을 요청했다.

★★

comment
[kάment]

(명) 논평, 언급, 비판

She was staring at me without any **comment**.
그녀는 아무 말도 없이 나를 바라보았다.

★★★★

communicate
[kəmjúːnəkèit]

(동) 전달하다, 연락을 취하다, 전하다

I should have been able to **communicate** to my parents.
나는 부모님에게 연락을 했어야만 했다.

★★★★★
communication

(명) 의사소통, 전달, 연락

★★★★★

conscious
[kάnʃəs]

(형) 의식하는, 자각하는, 의식적인, 특별히 관심 있는

He was **conscious** of no fear.
그는 두려움을 느끼지 않았다.

★★
↔ **unconscious**

(형) 자각하지 못하는

★★
subconscious

(형) 잠재의식의, 잠재의식적인

★★

☐ **cure**
[kjuər]

명 치유, 치유법　　동 낫게 하다, 치유하다

There is no cure for this snake's bite.
이 뱀에 물리면 치료약이 없다.

★★★

☐ **cycle**
[sáikl]

DAY 10

명 순환, 회전, 자전거, 오토바이

The latent energy varies in the life cycle of growth.
잠재적인 에너지는 생명의 주기 속에 여러 형태를 띤다.

★★★★

☐ **decade**
[dékeid]

명 10년

A few decades ago, we couldn't imagine the technology we have in our pockets today.
몇십 년 전만 해도 우리 주머니 속에 있는 기술들은 상상할 수도 없었다.

★★

☐ **encounter**
[enkáuntər]

동 맞닥뜨리다, 마주치다　　명 직면, 만남, 접촉, 시합

You will be terrified if you encounter him.
네가 그를 마주치게 되면 너는 공포에 질릴 것이다.

★★★

☐ **extinct**
[ikstíŋkt]

형 멸종된, 사라진, 더 이상 존재하지 않는

Dinosaurs became entirely extinct.
공룡은 완전히 멸종했다.

★★

☐ **float**
[flout]

동 떠돌다, 흘러가다, 띄우다, 제시하다

Islands are sometimes perceived floating on the water.
섬은 종종 물 위에 떠 있는 것이라고 인지된다.

forth
[fɔːrθ]

(부) 앞으로, 전방으로, 밖으로

You should pay the fee as set forth in paragraph 1.
당신은 1항에 설명된 바대로 요금을 내야 한다.

★★

helpful
[hélpfəl]

(형) 도움이 되는, 기꺼이 돕는

While some insects are extremely injurious, others are very helpful.
몇몇 곤충들은 아주 위험하지만, 다른 곤충들은 매우 도움이 된다.

★★

lecture
[léktʃər]

(동) 강의를 하다 　(명) 강의, 강연

She began to lecture publicly at the age of seventeen.
그녀는 17세의 대중을 대상으로 강의를 시작했다.

deliver a lecture, give a lecture　　강의를 하다

★★★★★

peaceful
[píːsfəl]

(형) 평화적인, 비폭력적인, 평화를 사랑하는

He was a very peaceful person.
그는 매우 평화적인 사람이었다.

★★
peace　　(명) 평화

★★
peacefully　　(부) 평화적으로

★★★

perceive
[pərsíːv]

(동) 감지하다, 인지하다, 여기다

We didn't perceive any change.
우리는 어떤 변화도 느낄 수 없었다.

★
perception　　(명) 지각, 자각, 통찰력

★★★★

potential
[pouténʃəl]

형 ~될 가능성이 있는, 잠재적인

This is the potential difference between injury and safety.
이것은 부상과 안전이 가지는 잠재적인 차이점이다.

★★★
potentially
★
potent

부 가능성 있게, 잠재적으로, 어쩌면

형 강한, 효능이 강한

★★★★

prepare
[pripéər]

동 준비하다, 준비시키다, 각오하다

I have done my best to prepare myself.
나는 철저히 준비하는 데 최선을 다했다.

★★
preparation

명 준비, 대비

★★★

pursue
[pərsú:]

동 추구하다, 밀고 나가다, 계속하다, 뒤쫓다

He was too old to pursue his dream.
그는 그의 꿈을 좇기에는 너무 나이가 들었다.

★
pursuit

명 추구, 쫓음

★★★★

regret
[rigrét]

동 후회하다, 유감스럽게 생각하다

You will never regret it.
당신은 그것을 후회하지 않을 것이다.

★★
regretful

형 유감스러운

★★★★

reputation
[rèpjətéiʃən]

몡 평판, 명성

This gallery has obtained a great **reputation** for its fine art.
이 갤러리는 훌륭한 작품으로 좋은 평판을 얻고 있다.

| **of reputation** | 평판이 있는 |

★★

rise
[raiz]

[rise – rose – risen]

몡 증가, 급여 인상, 성공, 오르기
동 오르다, 올라가다, 일어나다

The moon is about to **rise**.
곧 달이 뜨려한다.

★★★

scholarship
[skɑ́lərʃip]

몡 장학금

He could finish his studies thanks to the **scholarship** from the church.
그는 교회에서 준 장학금 덕분에 공부를 끝낼 수 있었다.

★★★
| **scholar** | 몡 학자 |

★★★

severe
[sivíər]

혱 극심한, 심각한, 가혹한

I know the provocation is **severe**.
나는 도발이 심하다는 것을 알고 있다.

★★
| **severely** | 윔 심각하게 |

★★

steel
[stiːl]

몡 강철, 철강업, 무기, 무력

A hammer is made of **steel**.
망치는 강철로 만들어졌다.

steep

[stiːp]

형 가파른, 비탈진

The building is located on a **steep** hill.
그 건물은 가파른 언덕 위에 있다.

★★★

trait

[treit]

명 특성

My eye color is a family **trait**.
내 눈동자 색은 우리 가족의 특징이다.

★★

virtual

[və́ːrtʃuəl]

형 사실상의, 거의 ~와 다름없는, 가상의

It's a famous **virtual** reality show.
그것은 유명한 가상현실 쇼이다.

★★
virtually

부 사실상의

★★★★★

assume
[əsjúːm]

동 추정하다, (권력 · 책임을) 맡다, (특질 · 양상을) 띠다

He assumed the offensive, and invaded the Netherlands.
그는 공격자 양상을 띠고 네덜란드를 침략했다.

★★★
assumption

명 추정, 상정, 인수

★★★★

athlete
[ǽθliːt]

명 운동선수

Most popular athletes participated in the game.
유명한 운동선수 대부분이 그 경기에 참가했다.

★★★
athletic

형 몸이 탄탄한, 육상경기의

★★★★

bacteria
[bæktíəriə]

명 박테리아, 세균

They must adapt themselves to innumerable bacteria.
그들은 수많은 박테리아에 적응해야만 한다.

★★★
bacterium

bacteria의 단수형

★★★★

bill
[bil]

명 계산서, 법안, 고지서, 청구서, 지폐

Do they pay their bills?
그들은 계산서를 지불하나요?

This bill wasn't passed through the parliament.
이 법안은 의회에서 통과되지 못했다.

★★

characteristic
[kæriktərístik]

형 특유의　　명 특징, 특질

It is **characteristic** of her.
이것은 그녀의 특징이다.

★★★★

charge
[tʃɑːrdʒ]

명 담당, 요금, 기소, 고발, 비난
동 청구하다, 신용카드로 달아 두다, 급히 가다

He is in **charge** of United States.
그는 미국 담당자이다.

You may **charge** a reasonable fee.
당신에게 합리적인 비용이 청구될 수 있다.

in charge of　　～에 담당이다

★★★★★

compare
[kəmpéər]

동 비유하다, 필적하다

She **compares** herself to angels.
그녀는 그녀 자신을 천사에 비유한다.

★★★
comparison　　명 비교함, 비유

★★★★

conventional
[kənvénʃənəl]

형 관습적인, 극히 평범한

His character is built upon **conventional** morality.
그의 성격은 관습적인 도덕관념을 바탕으로 형성되었다.

★★★★★

cross
[krɔs]

명 십자가　　동 건너다, 가로지르다

He drew a **cross** in the air with his finger.
그는 허공에다 손가락으로 십자가를 그렸다.

They have to **cross** the river to escape.
그들은 탈출하기 위해 강을 건너야 한다.

★★

dedicated
[dédikèitid]

형 전념하는, 헌신적인

He has been dedicated to his work for over 30 years.
그는 30년 넘게 그의 직장에 헌신하고 있다.

★
dedicate 동 바치다, 전념하다, 헌정하다

★★★★★

define
[difáin]

동 정의하다, 경계를 나타내다

At first, I couldn't clearly define the subject.
처음에 나는 그 주제를 명확히 정의하지 못했다.

★★

definitely
[défənitli]

부 분명히, 절대로

The experiment will definitely solve this crucial question.
실험이 이 중요한 문제를 분명히 해결해줄 것이다.

★★★★

depress
[diprés]

동 우울하게 만들다, 부진하게 하다

Critics about his play depressed him.
그의 연극에 대한 비평은 그의 사기를 꺾었다.

★★★
depression 명 우울증, 우울함, 암울함

★★★
depressed 형 우울한, 지친, 사기가 떨어진

★★

equally
[íːkwəli]

부 똑같이, 동일하게, 동등하게

Not every employee is equally skillful.
모든 직원이 똑같이 숙련된 것은 아니다.

★★★
equal 형 동일한, 같은, 동등한

★★
equality 명 동등함, 평등

★★★

focus
[fóukəs]

동 집중하다, 초점을 맞추다, 눈에 익숙해지다
명 초점, 관심, 주목

He was adjusting the focus of his camera.
그는 그의 카메라의 초점을 맞췄다.

★★★

frame
[freim]

명 액자, 뼈대, 안경테　　동 죄를 뒤집어씌우다, 틀에 넣다

He framed his daughter's picture.
그는 그의 딸의 사진을 액자에 넣었다.

In a word, he was framed.
말하자면 그는 누명을 썼다.

★★

fur
[fə:]

명 털, 모피

I'd like to get my mother a fur coat for her birthday.
나는 어머니 생신 선물로 모피코트를 사 드리고 싶다.

★★

hence
[hens]

부 이런 이유로

Hence, our mind must be capable of gathering knowledge.
따라서, 우리의 마음은 지식을 모을 수 있는 정도의 수준이 되어야 한다.

★★

lend
[lend]

동 빌려주다, 대출하다, 제공하다

I will not lend you money, again.
너에게 돈을 다시는 빌려주지 않을 거야.

★★★★★

phenomenon
[finάmənὰn]

복수형 **phenomena**

명 현상, 경이로운 사람

This significant **phenomenon** will be dealt with in a later chapter.
이 의미있는 현상에 대해서는 뒤에 나오는 장에서 다룰 것이다.

★★★

philosophy
[filάsəfi]

명 철학, 인생관

I'm afraid that my **philosophy** is not like yours.
나의 인생관이 너와 같지 않아 유감스럽다.

★★

pilot
[páilət]

명 조종사, 비행사, 시험 방송
동 추진하다, 시험적으로 사용하다, 안내하다

He is preparing to start the motors at the **pilot**'s command.
그는 조종사의 명령에 따라 모터를 켤 준비를 하고 있다.

This is a **pilot** program for the summer.
이것은 이번 여름을 위한 시험 방송이다.

★★

prior
[práiər]

형 사전의, 우선하는, ~앞에

He arrived at the office **prior** to his meeting.
그는 회의 전에 사무실에 도착했다.

---

prior to

~에 앞서, 먼저

★★★

promote
[prəmóut]

동 승진시키다, 촉진하다, 홍보하다

She was **promoted** to manager last month.
그녀는 지난달에 관리자로 승진했다.

★★★
promotion

명 승진, 홍보, 촉진

★ ★ ★

recall
[rikɔ́ːl]

동 생각나게 하다, 소환하다   명 기억하는 능력, 복귀

I'm sorry but I can't recall your name.
죄송하지만 당신의 이름이 생각나지 않습니다.

★ ★ ★ ★

request
[rikwést]

명 요청, 신청, 요구

I've need your help fulfilling her request.
그녀의 요청에 의해서 너를 이곳에 데려왔다.

★ ★

requirement

명 필요한 것, 필요조건

★ ★ ★ ★

revolution
[rèvəlúːʃən]

명 혁명, 변화, 공전, 회전

The revolution was made complete later on with gunpowder.
그 혁명은 나중에 무력에 의해 진압되었다.

★

revolutionary

형 혁명의, 혁명적인

★ ★

seemingly
[síːmiŋli]

부 외견상, 겉보기에는

He wore a shirt seemingly obtained from his company.
그는 자기의 회사에서 얻은 듯 보이는 셔츠를 입고 있었다.

★ ★

squeeze
[skwiːz]

동 짜다, 간신히 지나가다, 압박하다
명 짜기, 즙, 꽉 차 있는

My wife squeezes oranges to make juice every morning.
내 아내는 매일 아침 주스를 만들기 위해 오렌지를 짠다.

***

stimulate
[stímjəlèit]

동 자극하다, 활발하게 하다, 고무시키다

My boss could not be stimulated to sign the contract.
나의 상사는 계약하는 것에 대해 자극받지 않을 것이다.

*

overstimulated

형 지나치게 흥분된, 지나치게 활발한

***

straight
[streit]

부 곧장, 똑바로   형 곧은, 솔직한, 정리된

He couldn't even walk straight.
그는 똑바로 걷지도 못했다.

★★

stressed
[strest]

형 스트레스를 받는, 강세를 받는, 압력이 가해진

You seem to be stressed out.
너 스트레스 많이 받아 보인다.

★★

stressful

형 스트레스가 많은

***

trap
[træp]

명 덫, 올가미, 궁지   동 가두다, 끼이다, 끌어모으다

It was a trap to deceive the invaders.
그것은 침략자들을 속이기 위한 덫이었다.

★★

vocabulary
[voukǽbjulèri]

명 어휘

A practical vocabulary is not over five hundred words.
실용적인 어휘는 5백 단어가 넘지 않는다.

★ ★ ★ ★ ★

authority
[əθɔ́ːriti]

명 지휘권, 권한

He had absolute authority in his department.
그는 그의 부서에서 절대적인 권력을 가지고 있었다.

★ ★ ★ ★

basis
[béisis]

명 근거, 이유, 기준, 단위

Their novels have same basis of a plot.
그들의 소설의 기본 줄거리가 같다.

on a regular basis　　　　규칙적으로

★ ★ ★ ★

birth
[bəːrθ]

명 탄생, 출생, 출산

She died two days after giving birth to a son.
그녀는 아들을 낳고 이틀 뒤에 죽었다.

give someone a birth　　　　~를 낳다

★ ★ ★ ★

blind
[blaind]

형 눈이 먼, 맹인인, 맹목적인, 비논리적인

He was so blind to his own interests.
그는 그의 관심사에 관해서는 아주 맹목적이다.

command

★★

[kəmǽnd]

명 명령, 명령어, 지휘　　동 명령하다, 지휘하다, 장악하다

We were waiting for a command to attack.
우리는 공격하라는 명령을 기다리고 있었다.

They needed only one person to command the army.
그들은 군대를 지휘할 수 있는 단 한 사람이 필요했다.

compliment

★★

[kάmpləmənt]

동 칭찬하다　　명 칭찬, 찬사, 존경

I will present this prize to compliment your great talents.
너의 우수한 재능을 치하하는 뜻으로 이 상을 줄 것이다.

deal

★★★★

[diːl]

동 거래를 하다　　명 많음, 합의, 처리

I don't think it's a good deal.
나는 그것이 좋은 거래였다고 생각하지 않는다.

He studied much, slept little, and sustained a great deal of fatigue.
그는 공부를 많이 하고, 잠은 적게 자서 아주 많이 피곤해 했다.

delay

★★★

[diléi]

명 지연, 지체, 연기　　동 미루다, 연기하다

You had better finish the work without any more delay.
더는 지체하지 않고 일을 끝내는 것이 좋을 것이다.

The plane has been delayed for 2 hours due to heavy snow.
폭설 때문에 비행기가 2시간째 연착하고 있다.

★★★

deny
[dinái]

동 부인하다, 거부하다

He did not **deny** tradition.
그는 전통을 부정하지 않았다.

★
denial

명 거부, 부정

★★★

display
[displéi]

동 전시하다, 내보이다, 보여주다　　명 전시, 진열, 표현

He **displayed** all the best qualities of his art.
그는 그의 작품 중 가장 훌륭한 것들을 전시했다.

Her sculptures are on **display** at a gallery.
그녀의 조각품이 미술관에서 전시되고 있다.

---

on display

전시된

★★★

evaluate
[ivǽljuèit]

동 평가하다, 감정하다

My study is **evaluating** how effective the medicine is.
내 연구는 그 약이 얼마나 효과가 있는지 평가하는 것이다.

★★
evaluation

명 평가, 감정

★★★★★

explanation
[èksplənéiʃən]

명 해명, 이유, 설명, 설명서

A poor **explanation** is better than no **explanation**.
나쁜 설명이라도 설명을 하지 않는 것 보다는 낫다.

★★★
explain

동 설명하다, 해명하다

★★★

fundamental
[fʌndəméntl]

형 근본적인, 핵심적인, 필수적인

It is not a **fundamental** principle.
그것이 근본적인 원칙은 아니다.

★★

glance
[glæns]

동 흘긋 보다, 대충 훑어보다   명 흘긋 봄

The boys glanced at each other.
그 소년들은 서로를 흘긋 보았다.

He is able to distinguish the twins at a glance.
그는 힐긋 보고도 쌍둥이를 구별할 수 있다.

at a glance   한눈에

★★

imitation
[imitéiʃən]

명 모조품, 모방

No one can make perfect an imitation of his product.
아무도 그의 제품을 완벽히 모방할 수 없다.

★★★
imitate   동 모방하다, 본뜨다, 흉내 내다

★★

isolate
[áisəlèit]

동 격리하다, 고립시키다, 분리하다, 구분하다

They isolated patients to avoid spreading the virus.
그들은 바이러스 확산을 막기 위해서 환자를 격리했다.

★★★
isolation   명 격리, 고립, 구분

★★★★

maintain
[meintéin]

동 유지하다, 보수하다

Which can you maintain longer?
어떤 것을 더 오래 유지할 수 있습니까?

★
maintenance   명 유지, 지속, 보수

★★★

place
[pleis]

명 장소, 부위, 위치　　동 설치하다, 두다, 평가하다

The place for the wedding was a hall in the royal palace.
결혼식 장소는 왕궁의 강당이었다.

After the war, great changes have taken place.
전쟁 후에 많은 변화가 일어났다.

take place	발생하다
★ **placement**	명 취업 알선, 현장 실습, 배치

DAY 12

★★★★★

possibility
[pàsəbíləti]

명 가능성, 가능함

The possibility of a tax increase has been overlooked for a long time.
세금 인상의 가능성이 오랫동안 간과되었다.

★★★★★ **possible**	형 가능한, 있을 수 있는
★★★ **possibly**	부 아마, 가능한 대로

★★

process
[prάses]

명 과정, 절차　　동 행진하다, 천천히 걷다

He must overcome a painful process to recover from his injuries.
그의 부상에서 벗어나려면 고통스러운 과정을 이겨내야만 한다.

★★★

react
[riːǽkt]

동 반응을 보이다, 반응하다

The mechanism has been able to react to the environment more and more effectively.
메커니즘이 환경에 점점 더 효과적으로 반응해 왔다.

★★★ **reaction**	명 반응, 반작용, 반발

★★★★

☐ **seed**

[siːd]

명 씨앗, 종자, 근원　동 씨가 맺다

The real object of the flower is to produce a seed.
꽃의 진정한 목표는 씨앗을 만들어 내는 것이다.

★★★

☐ **selfishness**

[sélfiʃnis]

명 이기적임

You never think of anything but your own selfishness.
너는 너 자신 밖에 모른다.

★★

☐ **shortage**

[ʃɔ́ːrtidʒ]

명 부족

They suffer from a water shortage.
그들은 물 부족으로 고생하고 있다.

★★★★★

☐ **significant**

[signífikənt]

형 중요한, 특별히 의미 있는

No one could imagine this significant phenomenon.
누구도 이런 특별한 현상을 예상하지 못했다.

★★★
significantly

부 상당히, 의미 있게

★★★★

☐ **solution**

[səlúːʃən]

명 해결책, 해법, 정답, 용해

The final solution of the problem is still far distant.
그 문제에 대한 최종 해결책은 아직 요원하다.

★★★★
solve

동 해결하다

★★★

☐ **standard**

[stǽndərd]

명 수준, 기준, 규범

She has a high standard.
그녀는 기준이 너무 높다.

★★

structure
[strʌ́ktʃər]

명 구조, 구조물, 건축물, 체계, 짜임새

The main axis of the structure extends from north to south.
그 구조물의 중심축이 남북으로 확장된다.

★★

subjective
[səbdʒéktiv]

형 주관적인, 마음속에 존재하는

His answer was not only subjective but also only partly correct.
그의 대답은 주관적일 뿐 아니라 일부만 맞았다.

★★★

sudden
[sʌ́dn]

형 갑작스러운, 급작스러운

Due to his sudden disappearance, the company went bankrupt.
그의 갑작스런 실종 때문에 회사가 파산했다.

★★
suddenly

부 갑자기 = all of sudden

★★★

trash
[træʃ]

명 쓰레기, 쓰레기 같은 것, 인간쓰레기

Two brothers are playing on the trash pile.
두 형제가 쓰레기 더미에서 놀고 있다.

★★

vote
[vout]

동 투표하다, 선출하다, 가결하다
명 표, 투표, 표결, 총 투표수

I vote 'No' on that question.
나는 그 질문에 '아니오'에 표를 던지겠다.

The bill was put to a vote.
그 법안은 표결에 부쳐졌다.

★★

abstract
[æbstrǽkt]

형 추상적인, 관념적인 　　명 추상화, 개요
동 끌어내다, 요약하다

The incident had nothing to do with abstract morality.
그 사건은 관념적인 도덕성과는 아무런 상관이 없다.

You can read an abstract of the article once you sign in.
로그인을 한 뒤에 논문의 초록을 읽을 수 있다.

I had abstracted some bills from the little drawer.
나는 고지서 몇 장을 서랍장에서 꺼냈다.

★★★★

breed
[briːd]

동 새끼를 낳다, 사육하다, 야기하다, 마음속에서 자라다
명 품종, 유형

Flies breed in filth and then come into the house.
파리는 쓰레기 더미 속에서 자라고 집안으로 들어온다.

Nature gradually improves her various breeds through adapting to the environment.
자연은 여러 품종들을 자연에 적응하면서 발전시킨다.

★★★★

capacity
[kəpǽsəti]

명 용량, 수용력, 생산능력, 배기량

Swimming may help development lung capacity.
수영은 폐활량을 늘리는데 도움이 된다.

★★
capable

형 ~을 할 수 있는, 유능한

be capable of

~을 할 수 있는

★★★★

close
[klous]
[klouz]

동 닫다, 감다, 닫히다, 마감하다
형 가까운, ~할 것 같은, 친밀한   명 끝, 마무리

The lawsuit will eventually be brought to a close.
그 소송은 결국 끝이 날 것이다.

They kept close company with their enemy.
그들은 그들의 적과 친밀한 관계를 유지했다.

★★★
closely
부 접근하여, 바싹, 단단히, 꼭

★★★
closed
형 닫힌, 폐쇄된

★★★

commitment
[kəmítmənt]

명 약속, 전념, 책무, 헌신

I don't want this kind of commitment.
나는 이런 책임은 원하지 않는다.

★★
commit
동 저지르다, 범하다

commit suicide
자살하다

★★★★

confident
[kάnfidənt]

형 자신감 있는, 확신하는

Tom's answer was very confident.
Tom의 대답은 아주 자신감이 있었다.

★

confidential
[kὰnfidénʃəl]

형 비밀의, 기밀의

I can't talk about the topic as it is confidential.
나는 기밀이기 때문에 그 주제에 대해서 말할 수 없다.

★★

core
[kɔːr]

몡 속, 중심부, 핵심　　톙 핵심적인, 가장 중요한
동 심을 파내다

I'll give you the **core** of my apple.
너에게 핵심을 알려줄게.

He didn't seem to get the **core** of the argument.
그는 논점의 핵심을 이해하지 못하는 듯 했다.

★★★★★

destroy
[distrɔ́i]

동 파괴하다, 말살하다, 죽이다

Asia made ready to **destroy** the rising power of Europe in 1492.
1492년 아시아는 커가는 유럽의 권력을 무너뜨릴 준비가 되어 있었다.

★★★

destruction

몡 파괴, 파멸, 말살

★★

dilemma
[dilémə]

몡 딜레마, 오류

Mr. Symington meant only to relieve you from an annoying **dilemma**.
Symington는 신경 쓰이는 딜레마에서 당신을 자유롭게 해주려고 했다.

★★★★

ecosystem
[ékousístəm]

몡 생태계

Global warming is already a big problem for the **ecosystems** of the world.
지구 온난화는 이미 전 세계 생태계의 큰 문제이다.

★★★★★

effective
[iféktiv]

톙 효과적인, 사실적인

His newly-invented machine was brilliant and **effective**.
그의 새 발명품은 기발하고 효과적이었다.

★★★★
effectively
부 효과적으로

★★★★★
effect
명 영향, 결과, 효과

★★★
efficiency
명 효율

★★★★★

enable
[enéibəl]

동 ~을 할 수 있게 하다, 가능하게 하다

The light is strong enough to enable me to read.
그 불빛은 책을 읽을 수 있을 만큼 충분히 밝았다.

★★

extraordinary
[ikstrɔ́ːrdənèri]

형 기이한, 놀라운, 비범한

My boss values his extraordinary ideas.
나의 상사는 그의 특이한 아이디어에 가치를 둔다.

★★★★★

extreme
[ikstríːm]

형 극도의, 극심한, 심각한   명 극단

The rumor of a bribe was scandalous in the extreme.
그 뇌물에 대한 소문은 매우 심각했다.

★★★

generous
[dʒénərəs]

형 후한, 너그러운, 넉넉한

I'm touched by your generous appreciation of
literature and science.
나는 당신의 문학과 과학에 대한 후한 평가에 감동받았다.

★★★★★

government
[gʌ́vərnmənt]

명 정부, 정권, 체재

Sienna revolted against his government.
Sienna는 그의 정부를 상대로 반란을 일으켰다.

★★★
govern
동 통치하다, 다스리다, 지배하다

---

infant
[ínfənt]

명 유아, 젖먹이, 아기

The weak and helpless infant wasn't have been offered any of the necessities of life.
어리고 힘없는 그 아기는 생존에 필요한 그 어떤 것도 제공받지 못했다.

★★★

jaywalking
[dʒeiwɔ:kiŋ]

명 무단횡단

Jaywalking is a careless and dangerous behavior.
무단횡단은 부주의하고 위험한 행동이다.

★★

manual
[mǽnjuəl]

명 설명서　　형 손으로 하는, 육체노동의, 수동의

You have to read the manual carefully before turning on the machine.
당신은 그 기계를 작동하기 전에 설명서를 주의 깊게 읽어야 한다.

He has lost the skill necessary for his manual job.
그는 육체노동에 필요한 기술을 잃었다.

★★

plot
[plɔt]

명 줄거리, 음모　　동 음모하다, 모의하다, 표시하다

The plot of the story will exhibit clearly what is considered right and wrong.
그 이야기의 줄거리가 무엇이 옳고 그른지 명백하게 보여줄 것이다.

★★★

prosperity
[prɑspérəti]

명 번영, 번성, 번창

The real prosperity of a country depends upon the amount of productive industry.
나라의 진정한 번영은 생산 산업의 양에 달려있다.

★
prosperous

형 접근하여, 바싹, 단단히, 꼭

★
prosper

동 번영하다, 번창하다

★★

prospect
[prάspekt]

명 가망, 가능성, 예상

This announcement opened up an anything but pleasing prospect.
이 공지는 즐거운 가능성의 여지를 절대 주지 않았다.

★★★★★

provide
[prəváid]

동 제공하다, 주다, 규정하다

The employer has to provide the desks and chairs.
그 고용주는 책상과 의자를 제공해야만 한다.

DAY 13

★★★

recognize
[rékəgnàiz]

동 인지하다, 인식하다, 인정하다

It fails to recognize the possibility of dividing the characters.
그것은 캐릭터가 나뉠 수 있는 여지를 알아채지 못했다.

★★★
recognition

명 인식, 인지, 인정

★★★★

seek
[siːk]

동 찾다, 구하다, 추가하다

Do you seek any promise from me?
내가 약속해주기를 바라는 건가요?

★★★

shelter
[ʃéltər]

명 피신처, 은신처, 주거지　　　동 보호하다, 막아주다

We wouldn't have bothered about this shelter.
우리는 이 은신처에 대해 신경 쓰지 않을 것이다.

The last survivor was sheltered by a pointed roof.
최후의 생존자는 뾰족한 지붕 아래에 숨었다.

strategy

[strǽtədʒi]

명 계획, 전략

His **strategy** turned the tide of battle.
그의 전략이 전세를 바꾸었다.

★★
strategic

형 전략상 중요한, 전략적인

★★
struggle

[strʌ́gəl]

명 투쟁, 싸움, 힘든 일　　동 투쟁하다, 힘겹게 나아가다

A **struggle** was evidently in his face.
힘겨움이 그의 얼굴에 극명하게 나타났다.

Handel **struggled** to build up the fortunes of the Italian
Opera in London.
Handel은 런던에서 이탈리아 오페라의 명성을 쌓기 위해 고군분투했다.

★★
sue

[suː]

동 고소하다, 소송을 제기하다

You might get **sued** by us if there is something wrong
with your comments.
당신의 평가에 문제가 있으면 우리는 당신을 고소할 수도 있다.

★★★
tension

[ténʃən]

명 긴장 상태, 긴장, 갈등

His voice was trembling with the nervous **tension**.
그의 목소리는 불안한 긴장으로 인해 떨렸다.

★★★
tense

형 긴장한, 신경이 날카로운

★★★
unconscious

[ʌnkάnʃəs]

형 의식을 잃은, 의식이 없는

Let us now glance at the patient who is **unconscious**.
이제 의식이 없는 환자를 살펴보게 해주세요.

★★★★★
↔ conscious

형 의식하는, 자각하는

★★★
adversity
[ædvə́ːrsəti]

명 역경

They were great in the days of adversity.
그들은 역경의 나날을 보내고 있었다.

★★★★
adverse
[ædvə́ːrs]

형 부정적인, 불리한

He was adverse to taking the trip on his own.
그는 혼자 여행하는 것에 부정적이다.

★★★★
challenge
[tʃǽlindʒ]

명 도전, 저항   동 도전하다, 이의를 제기하다

The challenge was accepted, but the duel was never fought.
도전이 받아들여졌지만 그 둘은 결국 싸우지 않았다.

★★★
challenging

형 도전적인, 도전 의식을 북돋우는, 저항하는

★★
composition
[kὰmpəzíʃən]

명 작품, 구성 요소들, 구성, 작곡, 작성

These beautiful compositions were inspired by the paintings.
이 아름다운 곡들은 그림에 의해 영감을 받았다.

★★★
compose

동 작곡하다, 구성하다

★★
composer

명 작곡가

★★★★★

connect
[kənékt]

동 잇다, 연결하다, 이어지다

It is **connected** with the conquests of great monarchs.
그것은 위대한 군주의 정복과 관련되어 있다.

★★★★★
connection

명 연결, 접속, 관련성

★★★★

constant
[kɑ́nstənt]

형 끊임없는, 거듭되는, 변함없는 　　명 정수

The upper part of his body was in **constant** action.
그의 상반신은 끊임없이 움직였다.

★★★★★
constantly

부 끊임없이, 거듭

★★

delight
[diláit]

명 기쁨, 기쁜 일 　　동 기쁨을 주다, 아주 즐겁게 하다

Her **delight** upon meeting her son was easy to recognize.
아들을 만나게 된 그녀의 기쁨은 쉽게 알아챌 수 있었다.

★★★

device
[diváis]

명 장치, 고안, 폭탄

A digital **device** can be incredibly accurate.
그 디지털 장치는 믿을 수 없게 정확하다.

★★

dramatically
[drəmǽtikəli]

부 극적으로, 연극적으로

He explained his story **dramatically**.
그는 이야기를 아주 극적으로 설명했다.

★★
dramatic

형 극적인, 감격적인, 인상적인

★★★★
electric
[iléktrik]

형 전기의, 열광케 하는　　명 전기 설비

Our daily lives are affected by **electric** waves.
우리의 일상생활은 전자파의 영향을 받는다.

★★★★★
electricity

명 전기, 전력, 열광

★★★
electronic

형 전자의, 전자 활동의

★★★★★
envious
[énviəs]

형 부러워하는, 선망하는

DAY **14**

He is staring at the house with an **envious** eye.
그는 부러운 눈빛으로 그 집을 바라보고 있다.

★★★★★
envy

동 부러워하다, 선망하다　　명 부러움, 선망

★★★★
explore
[ikspló:r]

형 답사하다, 탐사하다, 탐구하다, 분석하다

The other pirates got ready to fish and **explore**.
다른 해적들은 조업과 탐사를 위한 준비를 마쳤다.

★★
exploration

명 탐사, 탐험, 탐구

★★★
exposure
[ikspóuʒər]

명 노출, 폭로, 분량

Everything is dried and hardened by **exposure** to the dry wind.
건조한 바람에 노출이 되어 모든 것이 마르고 딱딱해졌다.

★★★
expose

명 노출되다, 폭로하다

★★★★

☐ **factor**
[fǽktər]

⌐ 요인, 인자, 인수

Artificial light has been an important factor in industrial development.
인공조명은 산업 발전의 중요한 요인이다.

★★

☐ **fear**
[fiər]

동 두려워하다, 염려하다   명 공포, 두려움, 무서움

He feared needing a surgery for his shoulder.
그는 어깨 수술이 필요하다는 것을 두려워했다.

★★★★★

☐ **feature**
[fíːtʃər]

명 특색, 특징, 특성   동 특징으로 삼다, 특징을 이루다

The most essential feature of the device is its recording function.
그 기계의 가장 중요한 특징은 녹음 기능이다.

★★★

☐ **guilty**
[gílti]

형 죄책감이 드는, 유죄의, 가책을 느끼는

The jury pronounced the verdict of "not guilty".
배심원단은 '무죄' 판결을 내렸다.

★★

guilt

명 죄책감, 유죄, 책임

★★★

☐ **harvest**
[hάːrvist]

명 수확, 수확물   동 수확하다, 거둬들이다

It is time for the harvest.
이제 수확할 때다.

★★★

☐ **inform**
[infɔ́ːrm]

동 알리다, 알아내다, 영향을 미치다

When he arrives, please inform me.
그가 도착하면 저에게 알려주세요.

judge
[dʒʌdʒ]

명 판사, 심판, 감정가, 감식가
동 판단하다, 여기다, 심판하다

He was the judge of his community.
그는 그가 사는 지역의 판사였다.

★ ★ ★
judgment

명 판단력, 판단, 비판, 판결

★ ★

martial
[mάːrʃəl]

형 싸움의, 전쟁의

My son goes to a gym for martial arts training.
내 아들은 무술 훈련을 하러 체육관에 다닌다.

★ ★

precious
[préʃəs]

형 값비싼, 귀중한, 소중한

He shares many interesting things about rare metals and precious stones.
그는 희귀한 금속이나 비싼 돌에 대한 흥미로운 이야기를 많이 해준다.

★ ★ ★ ★ ★

purchase
[pə́ːrtʃəs]

동 구입하다, 구매하다   명 구입, 구매

To open a branch, you are required to purchase land.
지점을 내기 위해 당신은 땅을 구입해야 한다.

★ ★

rare
[rɛər]

형 드문, 보기 힘든, 진귀한, 희한한

The combination of the right man at the right moment is very rare in history.
옳은 사람이 옳은 시대에 나타나는 조합은 역사상 드물다.

★★★

reliable

[riláiəbəl]

[형] 믿을 수 있는, 신뢰할 수 있는, 믿을 만한

Aristotle was recognized as the only **reliable** teacher.
아리스토텔레스는 유일하게 믿을 수 있는 스승으로 인지되었다.

★★★★★
rely — [동] 의지하다, 믿다

★★★

Socrates

[sάkrətìːz]

[명] 소크라테스

Socrates is seen in the identification of knowledge and virtue.
소크라테스는 지덕을 갖춘 표상이다.

★★★★

stable

[stéibl]

[형] 안정된, 안정적인 [명] 마구간, 외양간

After a long surgery, her condition was **stable**.
긴 수술 끝에 그녀는 안정된 상태가 되었다.

★★★
stability — [명] 안정성, 안정

★★★

strict

[strikt]

[형] 엄격한

Our governors have **strict** regulations on the import of foreign goods.
우리 관리자들은 외국 제품 수입에 대해 엄격한 규정을 가지고 있다.

★★★★★

suppose

[səpóuz]

[동] 추정하다, 추측하다

They are **supposed** to submit their applications by today.
그들은 신청서를 오늘까지 제출하기로 되어 있다.

be supposed to — ~하기로 되어 있다

★★

surround
[səráund]

동 둘러싸다, 에워싸다, 포위하다

The Queen's castle was surrounded by the enemy.
여왕의 성은 적에게 포위되었다.

★★★

threat
[θret]

명 협박, 위협, 위협적인 존재

I'm not buying your threat.
나는 너의 협박을 믿지 않는다.

★★

threaten

동 협박하다, 위협하다, 조짐을 보이다

★★★

urgent
[ə́ːrdʒənt]

형 긴급한, 시급한, 다급해하는

This is not a drill. It's an urgent situation.
이건 훈련이 아니다. 긴급 상황이다.

★★

urge
[əːrdʒ]

동 설득하다, 충고하다   명 욕구, 충동

He cannot urge his family without reliable information.
그는 믿을만한 정보 없이는 그의 가족을 설득할 수 없다.

★★★★

welfare
[wélfὲər]

명 안녕, 행복, 복지, 후생

You are responsible for the welfare and safety of your family.
너는 가족의 안녕과 안전에 대한 책임이 있다.

★★

afford
[əfɔ́ːrd]

동 여유가 되다, 제공하다

They could not **afford** to offend Alexander.
그들은 Alexander를 공격할 여유가 되지 않았다.

★★★

breath
[breθ]

명 입김, 숨, 조금, 기미

She took a full **breath** before she started talking.
그녀는 말하기 전에 숨을 깊게 쉬었다.

★★
breathe

동 숨을 쉬다

★★★★

citizen
[sítəzən]

명 시민, 주민

I am a free **citizen**, able to come and go at will.
나는 자유로운 시민이고, 의지에 따라 오고 갈 수 있다.

★★
civilization

명 문명, 전 세계

★★
civil

명 시민의, 민간의, 민사상의

★★★★

contrary
[kάntreri]

형 ~와는 다른, 정반대되는, 반대되는 것

On the **contrary**, wealth is inhabited by a small class of very rich people.
그와 반대로, 부는 소수의 부자에게 세습된다.

on the contrary

그와는 반대로

costume
★★

[kάstjuːm]

명 의상, 특수 의상

They were dancing for hours in costume.
그들은 분장을 한 채로 몇 시간 동안 춤을 췄다.

in costume

분장을 하고

---

danger
★★★★

[déindʒər]

명 위험, 위험한 사람

A flame is efficient and fairly free from danger.
불꽃은 효과적이며 절대 위험하지 않다.

dangerous
★★★★★

형 위험한

---

departure
★★

[dipάːrtʃər]

명 출발, 떠남, 출발편, 벗어남

You have to return to your original point of departure in one hour.
너는 한 시간 안에 최초 출발 지점으로 돌아와야 한다.

depart
★★★★

동 출발하다, 떠나다

---

disappear
★★★★★

[dìsəpíər]

동 사라지다, 실종되다

Many difficulties will disappear with your help.
너의 도움으로 많은 어려움이 사라질 것이다.

disappearance
★★★

명 사라짐, 실종

---

duty
★★

[djúːti]

명 의무, 직무, 책무, 업무

You should always do your duty.
너는 항상 너의 의무를 다 해야 한다.

★★★★

enormous
[inɔ́ːrməs]

형 막대한, 거대한

A man consumes **enormous** quantity of food during his lifetime.
사람은 일생 동안 막대한 양의 음식을 소비한다.

★★★★

fee
[fiː]

명 수수료, 요금

If you get a ticket, you have to pay a **fee** as a penalty.
딱지를 떼이면 벌금으로 수수료를 내야만 한다.

★★★

fierce
[fiərs]

형 사나운, 험악한, 격렬한, 극심한

There is a **fierce** dog in front of his house.
그의 집 앞에는 사나운 개가 있다.

★

fiercely

부 사납게, 맹렬하게, 격렬하게

★★★★★

fit
[fit]

동 맞다, 설치하다, 끼우다, 가봉하다, 적절하다

Eight hours of sleep is sufficient to keep me **fit** for work.
여덟 시간의 잠은 내가 일을 할 수 있도록 하기에 충분하다.

★★★

fitness

명 적합함, (신체적인) 건강

★★★★★

grade
[greid]

명 품질, 등급   동 나누다, 분류하다

I expected to have a good **grade** on the test.
나는 시험에서 좋은 성적을 기대했다.

★★

gradually
[grǽdʒuəli]

부 서서히

The flame **gradually** becomes feeble and finally goes out.
불꽃은 점점 약해지다가 서서히 꺼진다.

★★★
gradual

형 점진적인, 서서히 일어나는

★★★

hate
[heit]

동 싫어하다, 질색하다, 증오하다 　명 증오

They had every reason to **hate** the tyrant.
그들은 폭군을 싫어할 충분한 이유가 있었다.

★★★

hay
[hei]

명 건초

Make **hay** while the sun shines.
해가 있을 때 건초를 말려라. (기회를 잘 이용해라.)

★★

ingredient
[ingrí:diənt]

명 재료, 성분, 구성요소

The main **ingredient** of the perfume is rose extract.
그 향수의 주 재료는 장미 추출액이다.

★★★

justify
[dʒʌ́stəfài]

동 타당함을 보여주다, 정당화 하다

They have attempted to **justify** their experiment with a scientific theory.
그들은 과학적 이론으로 자신의 실험을 정당화하려고 한다.

★★
justification

명 타당한 이유, 정당성

★★★

meditation
[mèdətéiʃən]

[명] 명상, 묵상, 명상록

The hours of quiet **meditation** were gone.
몇 시간의 조용한 명상의 시간이 지나갔다.

★ **meditate** [동] 명상하다, 묵상하다, 꾀하다

★★★★

necessarily
[nèsəsérəli]

[부] 어쩔 수 없이, 필연적으로

They were not **necessarily** agreeing to finish the project.
그들은 프로젝트를 끝내는 것에 꼭 동의할 필요는 없었다.

★★ **necessary** [형] 필요한, 불가피한

★★ **necessity** [명] 필수품, 필요성

★★

present
[prézənt]

[형] 현재의, 있는, 존재하는

His complicated method appears so simple at the **present** time.
그의 복잡한 방법은 현대에는 너무 간단해 보인다.

★★

reason
[rí:zən]

[명] 이유, 사유, 근거, 이성, 사고력

There is no **reason** to delay the payment.
임금 지불을 연기할 이유가 없다.

★★ **reasonable** [형] 타당한, 사리에 맞는, 적정한

★★★★★

recycle
[ri:sáikəl]

[동] 재활용하다, 다시 이용하다

The more we **recycle** the more we can save.
더 많이 재활용할 수록 우리는 더 많이 절약할 수 있다.

★★★

rescue
[réskju:]

명 구출, 구조, 구제　　동 구하다, 구조하다

He is in training for rescue work.
그는 구조 작업을 위한 훈련 중이다.

★★★

string
[striŋ]

명 끈, 줄, 일련

The vocal bands are like the strings of a violin.
성대는 바이올린의 현과 같다.

★★★

strike
[straik]

[strike – struck – struck]

동 치다, 부딪치다, 공격하다　　명 파업, 공격, 공습

A huge stone struck his house.
큰 바위가 그의 집을 덮쳤다.

★★★
stroke

명 타법, 치기, 때리기, 뇌졸중

★★

survive
[sərváiv]

동 살아남다, 생존하다, 견뎌내다

We pray that more have been able to survive.
우리는 더 많은 사람이 생존하기를 바란다.

★★
survival

명 생존, 투쟁, 유물

★★

tax
[tæks]

명 세금　　동 세금을 부과하다

You have to calculate your applicable taxes.
너는 너에게 부과될 세금을 계산해야 한다.

★★

traditionally
[trədíʃənəli]

㉾ 전통적으로

Traditionally, Koreans prefer to have sons.
전통적으로 한국 사람들은 아들을 선호한다.

★★
tradition

㉱ 전통

★★★
traditional

㉞ 전통적인

★★★

tremendous
[triméndəs]

㉞ 엄청난, 대단한, 굉장한

The volcano had a tremendous explosion.
그 화산은 엄청난 폭발을 했다.

★★★

vegetation
[védʒətèiʃən]

㉱ 초목

The earth is covered with green vegetation.
지구는 푸른 초목으로 뒤덮여 있다.

★
vegetate

㉲ 무위도식하다

★★★★

youth
[juːθ]

㉱ 어린 시절

My teeth are all as strong as in my youth.
내 치아는 젊을 때 만큼이나 튼튼하다.

★★★★
absence
[ǽbsəns]

명 부재, 없음, 결핍, 결석, 결근

His family had lots of trouble making money during his absence.
그의 가족들은 그가 없는 동안 돈을 버는데 많은 어려움을 겪었다.

★★★★
absent

형 결석한, 결근한, 없는, 부재한, 멍한

★★★★
amaze
[əméiz]

동 놀라게 하다

The public was amazed by the first demonstration.
대중들은 첫 발표에 놀랐다.

★★★★★
amazing

형 놀라운

★★
amazed

형 놀란

★
amazement

명 놀람

★★★★
circle
[sə́:rkl]

명 원형, 동그라미, 원   동 빙빙 돌다

I run around this circle several times.
나는 이 원을 따라 여러 바퀴 돌았다.

★★★
circular

형 원형의, 둥근, 순회하는

★
circulate

동 순환시키다, 유포하다

colleague
[kάliːg]

명 동료

All of her **colleagues** seem nice to me.
그녀의 모든 동료들이 내게는 친절해 보였다.

★★

council
[káunsəl]

명 의회, 자문 위원회, 협의회, 평의회, 심의회

He was very wise in **council**.
그는 의회에서 매우 현명했다.

★★★★

criticism
[krítisìzəm]

명 비판, 비난, 비평, 평론

He was waiting for **criticism** of what he had said.
그는 그가 말한 것에 대한 비평을 기다리고 있었다.

★★
criticize 동 비판하다, 비평하다

★★★★

daylight
[déilàit]

명 햇빛, 일광

The period of effective **daylight** is gradually diminishing.
효과적인 일조 시간이 점차적으로 줄고 있다.

★★★★★

despair
[dispέər]

명 절망 동 절망하다

He was in **despair** over the money he lost gambling.
그는 도박으로 잃은 돈 때문에 절망에 빠졌다.

★★★★
desperate 형 자포자기한, 발악하는, 필사적인

★★★
desperately 부 필사적으로

in despair 절망하여

★★★

discipline
[dísəplin]

명 절제력, 규율, 훈육　　동 훈육하다, 단련하다

You should maintain discipline.
너는 절제력을 가져야 한다.

★★★

enthusiasm
[enθjúːziæzəm]

명 열광, 열정, 열의

He spoke of an episode from his war experience with enthusiasm.
그는 그의 참전 경험에 대해 열정적으로 이야기했다.

★★

external
[ikstə́ːrnəl]

형 외부의, 밖의, 외면의, 외면적인

We must vary the supply of fuel according to the external temperature.
우리는 외부의 온도에 따라 연료공급을 다양화해야 한다.

★
externally

부 외부적으로

★
externality

명 외형, 외관, 외계

★★

extent
[ikstént]

명 정도, 크기

Our waste of coal has been beyond the extent of our expectations.
석탄 폐기물의 양은 우리가 예상하는 것보다 아주 많다.

★★★
extend

동 연장하다, 확대하다

★★

form
[fɔːrm]

동 형성하다, 구성하다　　명 종류, 유형, 방식, 서식

The combinations form very explosive mixtures at ordinary temperatures.
그 화합물은 실온에서도 큰 폭팔력을 가진다.

| ★ **formation** | 명 형성, 형성물, 대형 |
| ★ **formality** | 명 격식, 형식적인 일, 절차 |

★★★★★

former
[fɔ́:rmər]

형 전의, 이전의, 전자의

The **former** may be an excellent governor.
이전의 주지사가 탁월했을 수도 있다.

| ★★★
↔ **latter** | 형 후자의 |

★★

horizontal
[hɔ́:rəzǽntl]

형 수평의, 가로의

You need to sometimes think in the **horizontal**.
당신은 가끔 수평적 사고를 할 필요가 있다.

| ★★
horizon | 명 수평선, 지평선 |
| ★★
↔ **vertical** | 형 수직의 |

★★★

immune
[imjú:n]

형 면역성이 있는, ~의 영향을 받지 않는

The virus attacks your **immune** system.
그 바이러스는 당신의 면역체계를 공격한다.

| ★★★
immunity | 명 면역성 |
| ★
immunize | 동 면역을 갖게 하다 |

★★

inherent
[inhíərənt]

형 내재하는

His **inherent** cowardice will turn out.
그의 내재된 비겁함이 드러날 것이다.

★★★★★

inherit
[inhérit]

동 상속받다, 물려받다

She inherited a lot of money from her remote relatives.
그녀는 먼 친척으로부터 많은 돈을 상속받았다.

★★★

involve
[inválv]

동 수반하다, 포함하다, 연루시키다

No one believes that he is involved in a scandal.
그가 그 추문에 연루되었다는 것을 아무도 믿지 않는다.

★★★
involvement

명 관련, 연루, 포함, 개입

★★★

marine
[mərí:n]

명 바다의, 해양의, 해상의   명 해병대

It is better to use mineral salt than the marine kind.
바다 소금을 넣는 것보다 무기염을 넣는 것이 좋다.

★★

merchant
[mə́:rtʃənt]

명 상인, 무역상   형 상선의, 해운의

He sent a letter to a merchant of his acquaintance in Vietnam.
그는 베트남에 있는 아는 무역상에게 편지를 보냈다.

★
merchandise

명 상품, 물품   동 판매하다

★★

profound
[prəfáund]

형 엄청난, 깊은, 심오한, 공손한

You can do this experiment without a profound knowledge of science.
심오한 과학적 지식 없이도 이 실험을 할 수 있다.

★★★★

religious
[rilídʒəs]

형 종교의, 독실한, 신앙심이 깊은

They wanted to have a **religious** ceremony for their wedding.
그들은 결혼식을 종교 예식으로 치르고 싶어 했다.

★★★
religion

명 종교

★★★★★

respond
[rispάnd]

동 대답하다, 응답하다, 답장하다, 반응을 보이다

He reluctantly **responded**.
그는 마지못해 대답했다.

★★★★★
response

명 대답, 응답, 회신, 답장

★★★

score
[skɔːr]

명 득점, 스코어
동 기록하다, 득점을 매기다

What's the final **score**?
최종 점수가 어떻게 되니?

★★★

sour
[sáuər]

동 안 좋아지다, 틀어지다, 사이가 나빠지다
형 시큼한, 상한

Grape **sour** early, so you should eat the fruit quickly.
포도가 일찍 시큼해 지니 과일을 어서 먹어야 한다.

★★★

suffer
[sʌfər]

동 시달리다, 고통 받다, 겪다

They do not **suffer** from cold or heat.
그들은 추위나 더위에 시달리지 않는다.

★★★

thankful
[θǽŋkfəl]

형 고맙게, 다행으로 생각하는, 감사하는

It would be very thankful.
그래 주시면 아주 감사하겠습니다.

★★

thoughtful
[θɔ́ːtfəl]

형 생각에 잠긴, 배려심 있는, 친절한, 사려 깊은

She was an unusually intelligent and thoughtful person.
그녀는 비정상적일 정도로 지적이고 사려 깊은 사람이었다.

★

thoughtfulness

명 사려 깊음

★★

tribe
[traib]

명 부족, 종족, 집단, 족, 류

The lion belongs to the cat tribe.
사자는 고양이과이다.

★★★

trigger
[trígər]

명 방아쇠, 계기, 폭파 장치

The incident was a trigger of the revolution.
그 사건은 혁명의 계기가 되었다.

★★★

verbal
[və́ːrbəl]

형 언어의, 구두의, 동사의

I am not familiar with a verbal test.
나는 구술 시험에 익숙하지 않다.

★★★

widespread
[wáidspréd]

형 광범위한, 널리 퍼진

It's just a widespread misbelief.
그것은 광범위하게 퍼진 잘못된 믿음이다.

★★★★★

ability
[əbíləti]

명 할 수 있음, 능력, 재능, 기량

His **ability** to negotiate is excellent.
그의 협상력은 매우 뛰어나다.

★★★★★
able

형 ~할 수 있는, 기량이 있는

★★★★

abundant
[əbʌ́ndənt]

형 풍부한

There is **abundant** grass and plenty of water.
그곳에는 풍부한 녹지와 많은 물이 있다.

★
abundantly

부 풍부하게

★
abundance

명 풍부함, 풍부

★★★

alive
[əláiv]

형 살아 있는, 활기가 넘치는, 존속하는

It doesn't matter whether you cook the crab **alive** or dead.
게가 살았건 죽었건 요리하는 데는 중요하지 않다.

★★★

anthropologist
[æ̀nθrəpάlədʒist]

명 인류학자

He is one of the most famous **anthropologists**.
그는 유명한 인류학자 중 하나이다.

★★
anthropology

명 인류학

★★★★

attract
[ətrǽkt]

동 마음을 끌다, 끌어들이다, 불러일으키다

Flavoring substances in fruits **attract** birds and animals.
과일에 있는 향미가 새와 동물을 유인한다.

★★
attraction

명 끌림, 명소, 매력

★★
attractive

형 매력적인,, 마음을 끄는

★★★

clan
[klæn]

명 씨족, 집단

Ancient Korean society is a **clan** based system.
고대 한국 사회는 씨족 기반이다.

★★★★

correct
[kərékt]

형 맞는, 정확한, 적절한, 올바른

His answer was **correct** but nobody believed it.
그의 답이 맞았지만 아무도 믿지 않았다.

★★
↔ **incorrect**

형 그른, 옳지 않은

★★★

defend
[difénd]

동 방어하다, 옹호하다

Mother rhinos use their horns to **defend** their young.
엄마 코뿔소는 새끼를 방어하기 위해 뿔을 사용한다.

★★
defensive

형 방어의, 방어적인, 수비의

★★
defense

명 방어, 수비, 방어시설

★
defensiveness

명 방어적임, 수동적임

★ ★ ★ ★

degree
[digríː]

명 도, 정도, 급, 학부

A different **degree** of hardness refracts light differently.
강도의 차이대로 빛이 다르게 굴절된다.

★ ★ ★ ★ ★

demand
[dimǽnd]

명 요구, 일, 부담, 수요
동 요구하다, 따지다, 필요로 하다

Your products are already in great **demand**.
당신 제품에 대한 수요는 이미 많다.

★ ★

demanding

형 일이 부담이 큰, 힘든, 요구가 많은

★ ★

destination
[dèstənéiʃən]

명 목적지, 도착지

Let me know your final **destination**.
당신의 최종 목적지를 알려주세요.

★ ★ ★

ease
[iːz]

명 쉬움, 용이함, 편의성, 안락함

The muscles of respiration perform with **ease**.
호흡기관의 근육은 쉽게 움직인다.

★ ★ ★ ★

emission
[imíʃən]

명 배출, 배기가스

We have to carefully monitor polluting **emissions**.
우리는 오염된 배기가스를 주의 깊게 살펴 보아야 한다.

★ ★

equilibrium
[iːkwəlíbriəm]

명 평형, 균형, 평정

How do I keep the body in **equilibrium**?
어떻게 몸의 균형을 유지할 수 있을까?

★ ★ ★ ★

foul
[faul]

형 더러운, 악취 나는 　　　동 반칙하다

I can't stand his **foul** breath anymore.
나는 그의 더러운 입 냄새를 더 이상 참지 못하겠다.

★ ★ ★ ★ ★

frequency
[frí:kwənsi]

명 빈도, 빈발, 잦음

After the law took effect, hit and runs have decreased
in **frequency**.
그 법이 발효된 후, 뺑소니 사고가 줄었다.

---

frequent
★ ★

형 잦은, 빈번한　　동 자주 다니다

★ ★ ★

incredible
[inkrédəbəl]

형 믿을 수 없는, 믿기 힘든

It may seem **incredible**, but he won the race.
믿기 힘들겠지만, 그가 그 경주에서 우승했다.

---

incredibly
★ ★

부 믿을 수 없게

★ ★

initial
[iníʃəl]

형 초기의, 처음의

This **initial** system was very unstable.
초기 이 시스템은 매우 불안정했다.

---

initiate
★

동 개시하다, 착수하다, 접하게 하다

★ ★

insight
[ínsàit]

명 통찰력, 이해, 간파

I love his report because I can get a clear **insight** into
the project.
나는 그 프로젝트에 대해 분명히 이해할 수 있어 그의 보고서가 마음에 들었다.

---

insightful
★

형 통찰력이 있는

★★★

medium

[mí:diəm]

[형] 중간의　　[명] 매체, 도구

I have chosen the **medium** size.

나는 중간 크기를 선택했다.

★★ **median**　[형] 중간 값의, 중앙치의

★★★★

mysterious

[mistíəriəs]

[형] 이해·설명하기 힘든, 기이한, 불가사의한

His strategy was **mysterious** but it worked well.

그의 전략은 이해하기 힘들었지만 적중했다.

★★ **mystery**　[명] 수수께끼, 미스터리

★★★★

range

[reindʒ]

[명] 범위, 폭, 다양성　　[동] ~의 범위에 있다

The budget can cover a wide **range** of conditions and requirements.

그 예산으로 다양한 조건과 요구 물품을 감당해 낼 수 있다.

★★★★

remain

[riméin]

[동] 남아 있다, 남다, 여전히 ~하다

She **remained** silent for hours.

그녀는 몇 시간 동안 침묵을 지켰다.

★★ **remaining**　[형] 남아 있는, 남은

★★★★★

risk

[risk]

[명] 위험, 위험요소　　[동] 위태롭게 하다

I can take out the tumor without **risk**.

나는 그 종양을 위험하지 않게 떼어 낼 수 있다.

at risk　위험에 처한

★★

sophisticated
[səfístəkèitid]

형 세련된, 교양 있는, 정교한, 복잡한

As time goes by, his eloquence becomes more sophisticated.
시간이 흐를수록, 그의 말솜씨는 점점 더 세련되어졌다.

★★★★

superior
[səpíəriər]

형 우수한, 우월한, 우세한

I think he is quite superior to his boss.
나는 그가 그의 상사보다 훨씬 더 우월하다고 생각한다.

★★
superiority

명 우월성, 우세

★★

supervisor
[súːpərvàizər]

명 감독관, 관리자, 지도교수

The supervisor was recently appointed.
그 관리자가 최근에 임명되었다.

★★★

survey
[səːrvéi]

명 조사, 측량, 검사   동 살피다, 점검하다

The survey doesn't seem reliable.
조사가 믿을 만 하지 않은 듯 하다.

★★

toxic
[táksik]

형 유독성의

You have to wear safety gear when you deal with toxic chemicals.
유독물질을 다룰 때에는 안전장비를 착용해야 한다.

★★
toxin

명 독소

★★

tuition
[tjuːíʃən]

명 등록금, 수업, 교습

She started a part time job for her son's college **tuition**.

그녀는 아들의 대학 등록금을 위해 아르바이트를 시작했다.

★★

unaware
[ʌnəwéər]

형 눈치채지 못하는

He must be **unaware** of you if he says so.

그가 그렇게 말했다면 그는 당신을 눈치채지 못했음이 분명하다.

★★★

unexpected
[ʌnikspéktid]

형 예상 밖의, 뜻밖의

This **unexpected** disability was so much a shock to all his family.

예상 밖의 장애는 그의 모든 가족에게 큰 충격이었다.

★★
unexpectedly

부 예상치 못하게

★★★

absolutely
[ǽbsəlúːtli]

부 절대적으로, 무조건, 단호히

This room is **absolutely** pitch black.
이 방은 완전히 어둡다.

★★
absolute   형 절대의, 확실한, 순수한, 전적인, 틀림없는

★★★★

adjust
[ədʒʌ́st]

동 맞추다, 순응하다, 조정되다

The body tends to **adjust** itself to a diminished supply.
몸은 공급이 줄어들면 그것에 익숙해지는 경향이 있다.

★★
adjustment   형 정리, 조절, 조정

★★★

announce
[ənáuns]

동 알리다, 고지하다, 예고하다, 감지하게 하다

Every discovery was **announced** by the president.
의장은 모든 발견에 대해 발표했다.

★★
announcement   형 고지, 알림, 예고

★★

anticipate
[æntísəpèit]

동 예상하다, 예기하다, 예감하다

The new entrance exam is **anticipated** to change the educational system.
새로운 입학시험이 교육 제도를 바꿀 것이라고 예상된다.

★★★
anticipation   형 예상, 예견

★★★★

chemical
[kémikəl]

형 화학의, 화학용의, 화학 약품에 의한, 화학적인

The actual **chemical** reactions become very complex.
실제 화학 반응이 매우 복잡해 진다.

★★
chemistry

명 화학

★★★

collection
[kəlékʃən]

명 소장품, 수집, 채집

He has a variety of noble **collections**.
그는 다양한 종류의 소설을 소장하고 있다.

★★★★
collect

동 모으다, 수집하다

★★
collective

형 집단적인, 총괄적인, 공동의, 합쳐진

★★

deposit
[dipázit]

동 놓다, 두다, (알을) 낳다, 예금하다

You need to pay a **deposit** to check in.
체크인을 하기 위해서는 돈을 좀 맡겨두어야 한다.

★★★

devote
[divóut]

동 헌신하다, 바치다, 전념하다, 몰두하다

He has **devoted** to teaching over 30 years.
그는 교직에 30년 넘게 헌신하고 있다.

★★★
devotion

명 헌신, 충심

★★
devoted

형 충실한, 헌신적인

★★★★

edge
[edʒ]

명 끝머리, 테두리, 가장자리, 변두리
동 날을 세우다, 예리하게 하다, 천천히 조금씩 움직이다

There's still a little raw **edge** on the wind.
아직 바람이 매섭다.

★ ★ ★ ★ ★

embarrassed
[imbǽrəst]

형 당혹스러운, 난처한, 쩔쩔매는

The young man was embarrassed.
그 젊은이는 당황했다.

★ ★ ★ ★ ★
embarrass

★
embarrassment

동 난처하게 하다, 당황하게 하다

명 당황, 곤혹, 거북함

★ ★ ★

enemy
[énəmi]

명 적, 원수, 적수, 경쟁 상대　　형 적대하는

She was succeeded by her enemy.
그녀는 적을 상대해 승리했다.

★ ★

ethical
[éθikəl]

형 도덕상의, 윤리적인

You should make an ethical decision.
너는 윤리적인 결정을 내려야 한다.

★ ★ ★ ★

feed
[fiːd]

[feed – fed – fed]

동 음식을 주다, 먹이다, 사육하다, 공급하다, 조장하다

Once you have a pet, you have to feed him regularly.
일단 애완동물을 키우려면, 너는 정기적으로 먹이를 주어야 한다.

★ ★ ★ ★

forced
[fɔːrst]

형 강요된, 무리한, 억지의

I could recognize her forced smile.
나는 그녀의 억지 웃음을 알아챌 수 있었다.

★ ★ ★ ★ ★
force

명 힘, 세력, 폭력, 영향, 효과

★★

foundation
[faundéiʃən]

명 창설, 창립, 건설, 설립, 근거

He built a solid foundation for his company.
그는 그의 회사의 기반을 탄탄히 다졌다.

★★★
found

동 기초를 두다, 근거를 두다, 설립하다, 세우다

★★★★★

generation
[dʒènəréiʃən]

명 세대, 대, 자손, 발생

The younger generation does not always look up to their elders.
젊은 세대가 항상 노인을 공경하는 것은 아니다.

★
generate

동 낳다, 산출하다, 발생시키다, 가져오다

★★★

insist
[insíst]

동 주장하다, 고집하다, 강요하다, 요구하다

We cannot insist too forcefully or the deal may fail entirely.
우리가 너무 강하게 주장만 내세운다면 거래가 완전히 깨져버릴 수도 있다.

★★
insistence

명 주장, 고집, 강요, 요구

★★★

inspiration
[inspəréiʃən]

명 영감, 고취, 고무, 격려, 암시

Suddenly a happy inspiration came to me.
갑자기 행복한 영감이 생겼다.

★
inspire

동 영감을 주다, 고무시키다, 느끼게 하다

★★
inspired

형 영감을 받은, 영감에 의한, 견해를 반영한

★★

interval
[íntərvəl]

명 간격, 거리, 사이, 틈, 휴지기

After an interval, I devoted myself to politics.
잠깐 휴식기를 가진 후, 나는 정치에 헌신했다.

at intervals

간격을 두고

★★★

mere
[miər]

형 단순한, 단지, ~에 지나지 않은

I am a mere messenger.
나는 단지 말을 전할 뿐이다.

★★★
merely

부 단지, 그저, 다만, 전혀

★★

miserable
[mízərəbəl]

형 불쌍한, 비참한, 궁핍한, 괴로운

Both boys were looking very pale and miserable.
두 소년 모두 창백하고 비참해 보였다.

★
misery

명 불행, 고뇌, 불평이 많은 사람

★★★★

numerous
[njúːmərəs]

형 다수의, 수많은

They are both numerous and loud.
그들은 수가 매우 많고 시끄러웠다.

★★

raw
[rɔː]

형 날것의, 가공하지 않은, 다듬지 않은

We were hungry enough to eat the meat raw.
우리는 날고기를 먹을 만큼 배가 고팠다.

★ ★ ★ ★

shape
[ʃeip]

명 모양, 형상, 외형, 형태

He arranged the candy into this **shape**.
그가 사탕을 이 모양으로 두었다.

★ ★ ★

shaped

형 ~의 모양을 한

★ ★

surgery
[sə́:rdʒəri]

명 외과, 수술

No Catholic recusant was permitted to practice **surgery**, physic, or law.
반천주교도들은 수술, 물리, 법을 허용하지 않았다.

★

surgical

형 외과적인, 외과용의

★ ★ ★

switch
[switʃ]

명 스위치, 개폐기, 바꿈, 교환, 전환
동 통하다, 연결하다, 끄다, 바꾸다

The detective reached his hand up to the electric light **switch**.
형사의 손이 전등 스위치에 닿았다.

★ ★ ★

symptom
[símptəm]

명 증상, 징후, 조짐, 전조

He recovered without any lingering **symptoms**.
그는 나쁜 증상 없이 회복되었다.

★ ★ ★ ★ ★

task
[tæsk]

명 일, 임무, 작업   동 일을 부과하다, 무거운 짐을 지우다

He had accomplished the **task** he had set for himself.
그는 그가 맡은 업무를 완수했다.

★★

transfer

[trænsfə́ːr]

동 이동하다, 옮기다, 명의를 변경하다

Every guest is expected to transfer buses at least once to reach her house.
모든 손님은 그녀의 집에 가려면 적어도 한번은 버스 환승을 해야 한다.

★★

uncertainty

[ʌnsə́ːrtnti]

명 반신반의, 불확정, 불확실성

Her uncertainty lasted but a moment.
그녀의 주저는 잠시 계속 되었다.

★
uncertain

형 불명확한, 분명치 않은, 확인할 수 없는, 미정의

★★

underlying

[ʌ́ndərláiiŋ]

형 밑에 있는, 기초가 되는, 근원적인

There is something underlying all these incidents.
이 모든 사건에는 무언가 숨겨져 있다.

★★★

victim

[víktim]

명 희생자, 피해자, 조난자

She was not the victim of this disorder.
그녀는 이 모든 혼란의 희생자가 아니었다.

★★★

☐ **adventure**

[ædvéntʃər]

명 모험, 체험담, 투기
동 위험을 무릅쓰고 ~하다, 감행하다

The great adventure to Amazon felt like a dream.
아마존으로의 모험은 꿈처럼 느껴졌다.

★★★
adventurous

형 모험적인, 모험을 즐기는

★★★★

☐ **agricultural**

[ægrikʌ́ltʃərəl]

형 농업의, 경작의, 농학의

He spent his last days in agricultural improvements.
그는 노년에 농업 발전에 힘썼다.

★★★
agriculture

명 농업, 농학

★★

☐ **architect**

[ɑ́ːrkitèkt]

명 건축가, 건축기사, 설계자

He commissioned his architect to finish the construction in time.
그는 제 날짜에 공사를 끝내기 위해서 그의 건축가에게 수수료를 주었다.

★★
architecture

명 건축술, 건축 양식, 건축물

★★★

☐ **biological**

[bàiəlɑ́dʒikl]

형 생물학의, 응용 생물학의

The field of a biological research has opened considerably.
생물학 분야의 조사가 광범위하게 시작되었다.

★ ★ ★

commercial
[kəmə́ːrʃəl]

형 상업적인

It is an ideal spot for a commercial center.
그곳은 상업 지구에 이상적인 장소이다.

★

commerce

명 상업, 통상, 교섭, 교제

★ ★ ★ ★

decline
[dikláin]

동 기울다, 쇠하다, 떨어지다, 거부하다

Venice's commercial importance had begun to decline.
베니스의 상업적인 중요성은 쇠락하기 시작했다.

★ ★ ★

declining

형 기우는, 쇠퇴하는

★ ★

depth
[depθ]

명 깊이, 심도, 깊은 곳, 밑바닥, 농도

The search was extended to a depth of 20 km.
탐색은 20km 깊이까지 확장되었다.

★ ★ ★

diagnose
[dáiəgnòus]

동 진단하다, 조사 · 분석하다, 원인을 규명하다

We diagnosed correctly his pancreatic cancer.
우리는 그의 췌장암을 정확하게 진단했다.

★

diagnosis

명 진단, 원인, 식별, 특성

★ ★ ★

enhance
[enhǽns]

동 향상하다, 늘리다, 더하다

They succeeded to enhance the price of their invention.
그들은 발명품의 가격을 높이는데 성공했다.

★★★★

ensure
[enʃúər]

동 책임지다, 보장하다, 안전하게 하다

It was for the architect to ensure a perfect level surface.

그것은 건축가가 수평면을 완벽하게 보장하게 하기 위함이었다.

★★

fame
[feim]

명 명성, 명예, 성망
동 유명하게 하다, ~의 명성을 높이다

His fame would have spread all over the world.

그의 명성은 전 세계에 알려졌다.

★★★★

firm
[fə:rm]

형 굳은, 단단한, 고정된
동 안정시키다, 안정되다

The evidence stood firm and unshaken.

증거는 확실했고 흔들림이 없었다.

★★★★

gender
[dʒéndər]

명 성, 성별

Do you know the gender of its name?

그 이름의 성을 압니까?

★★

habitat
[hǽbətæt]

명 서식 장소, 서식지

They are in their habitat.

그들은 그들의 서식지에 있다.

★★

intimate
[íntəmit]

형 친밀한, 친한, 절친한

The lighting created an intimate atmosphere.

그 조명은 친숙한 분위기를 만들어 주었다.

★★★★

invent
[invént]

동 발명하다, 고안하다

They were forced to invent tools.
그들은 도구 발명을 강요받았다.

★★★
invention

명 발명, 고안, 발명품

★★★

laughter
[lǽftər]

명 웃음, 웃음소리

She glanced at me, laughter in her eyes.
그녀는 나를 힐끗 보고 눈에는 웃음이 가득했다.

★★★★★

measure
[méʒər]

동 재다, 계량하다, 치수를 재다, 평가하다

They measure the quantities of the exported goods.
그들은 수출품의 양을 잰다.

★★
measurement

명 계량, 계측, 측정법

★★★

metaphor
[métəfɔːr]

명 은유, 비유

I didn't get his metaphor.
나는 그의 비유를 이해하지 못했다.

★★

mission
[míʃən]

명 임무, 직무, 사명, 천직, 전도

They think that they have been assigned a mission by God.
그들은 하느님으로부터 임무를 부여받았다고 생각한다.

★
missionary

명 선교사

☐ **opinion**
[əpínjən]

® 의견, 견해, 판단, 평가, 감정

He finally gave his opinion.
그는 마침내 그의 의견을 내놓았다.

★ ★ ★ ★

☐ **predator**
[prédətər]

® 포식자, 약탈자, 육식 동물

Birds are always very careful to protect their eggs from predators.
새들은 포식자들로부터 알을 지키기 위해 항상 조심한다.

★
predatory

® 약탈하는, 생물을 잡아먹는, 육식하는

★ ★

☐ **ray**
[rei]

® 광선, 열선, 방사선   ⑧ 발하다, 방사하다, 번뜩이다

There was not a ray of hope in Scotland.
스코틀랜드에는 희망에 빛줄기가 비치지 않았다.

★ ★ ★ ★

☐ **stuff**
[stʌf]

® 재료, 원료, 물자, 자료, 내용

The stuff in that box is explosive, so keep it cool.
상자 안에 있는 물질은 폭발할 수 있으니, 시원한 곳에 보관하세요.

★ ★

☐ **symbol**
[símbəl]

® 상징, 표상, 심벌

The fire on the ledge at the entrance became a symbol of home.
입구 선반 위에 있는 불빛은 집의 상징이 되었다.

★ ★
symbolic
★ ★
symbolize

® 상징적인

⑧ 상징하다, 나타내다

★★★

temperature
[témpərətʃər]

명 온도, 기온, 체온, 고열

Zirconium is very brilliant when heated to a high temperature.
지르코늄은 높은 온도에 오르면 매우 빛난다.

★★

transport
[trænspɔ́ːrt]

동 수송하다, 운반하다　　명 수송, 운송

It was impossible to transport them to the ships.
그것들을 배로 운반하는 것은 불가능했다.

★

transportation

명 교통, 운송

★★★

universal
[jùːnəvə́ːrsəl]

형 일반적인, 보편적인, 전 세계적인

There is an argument based on the universal use of stimulants.
자극제의 일반적인 용도에 대해서는 의견이 분분했다.

★★

vacuum
[vǽkjuəm]

명 진공, 진공도　　동 진공 청소하다

He also utilizes chemical analysis to create a vacuum.
그는 진공 상태를 만드는데 화학적 분석을 이용한다.

★★

vertical
[və́ːrtikəl]

형 수직의, 연직의, 세로의　　명 수직선

It may be increased in size in its vertical.
그것은 세로로 크기가 늘어날 수 있다.

★★★

victory
[víktəri]

몡 승리, 전승, 극복

We pulled off a brilliant **victory**.
우리는 아주 찬란한 승리를 이끌어냈다.

★
victorious

혱 승리의, 우승의, 이긴

★★★★★

worth
[wəːrθ]

혱 ~의 가치가 있는, ~의 값어치가 있는

It was not **worth** the time and expense to put in.
그것은 들어간 시간과 돈 만큼의 쓸모는 없었다.

★★★
↔ **worthless**

혱 가치 없는, 쓸모 없는, 시시한, 무익한, 품행이 나쁜

★ ★ ★

amount
[əmáunt]

명 양, 액수, 총액, 총계
동 총계가 ~에 이르다

Raw wool always contains a certain amount of natural oil.
가공하지 않은 모는 일정량의 천연 기름 성분을 함유한다.

★ ★ ★ ★

appreciate
[əprí:ʃièit]

동 감상하다, 음미하다, 판단하다

It is important to know how to appreciate paintings.
그림을 감상하는 방법을 아는 것은 중요하다.

★ ★ ★ ★

appropriate
[əpróuprièit]

동 승인하다, 충당하다
형 적합한, 적절한, 고유한

She read this report and appropriated it.
그녀는 이 보고서를 읽고 그것을 승인했다.

His wording doesn't seem to be appropriate.
그의 단어 선택은 적절하지 않아 보인다.

★ ★

Aristotle
[ǽristɑ̀tl]

명 아리스토텔레스

My parents want us to study Greek that we may read Aristotle in the original.
나의 부모님은 우리가 아리스토텔레스를 원문으로 읽을 수 있도록 그리스어를 배우길 원한다.

★★★

community
[kəmjúːnəti]

명 사회, 공동 사회, 공동체

An epidemic is a danger to the safety of the entire **community**.
전염병은 사회 전체의 안전을 해치는 위험요소이다.

★★★

concern
[kənsə́ːrn]

동 ~하는 것을 중시하다, 영향을 미치다
명 우려, 걱정, 중요한 것

As long as you can finish the work on time, I will **concern** myself with the products.
당신이 제시간에 작업을 마칠 수 있다면, 나는 제품만 신경 쓸 것이다.

We don't have any **concerns** about having more kinds.
우리는 아이를 더 갖는 것에 대해 걱정하지 않는다.

★★
concerned　　　형 걱정하는, 염려하는, 걱정스러운

★★
concerning　　　전 ~에 관하여, ~에 대하여

★★★★

demonstrate
[démənstrèit]

동 증명하다, 논증하다, 시위하다, 데모하다

It is impossible to **demonstrate** his theory without proper experiments.
적절한 실험 없이 그의 이론을 증명하는 것은 불가능하다.

★★★
demonstration　　　명 증명, 논증, 증거

★★

diminish
[dimíniʃ]

동 줄이다, 감소시키다, 작게 하다

The intensity of the light has been **diminished**.
빛의 강도가 약해졌다.

★★
diminishable　　　형 줄일 수 있는, 축소할 수 있는

★★
diminishment　　　명 줄임, 축소

★★

distant
[dístənt]

형 먼, 떨어진

Her house is too distant from her office.
그녀의 집은 사무실에서 너무 멀리 떨어져 있다.

have a distant view of   ~을 멀리서 바라보다

★★★

entirely
[entáiərli]

부 아주, 완전히, 오로지

Due to the fire, the plants on his farm were entirely burnt.
그의 농장의 농작물들이 화재로 완전히 타버렸다.

★★★
entire   형 전체의, 전부의, 완전한

★★★★

evolution
[èvəlúːʃən]

명 진화, 전개, 발전, 진전

His idea was not accepted as a theory of evolution.
그의 생각은 진화의 이론으로 받아들여지지 않았다.

★★★
evolutionary   형 발달의, 발전의, 진화의, 진화론에 의한

★★★

fascinate
[fǽsənèit]

동 매혹시키다, 주의를 끌다, 마음을 빼앗다

He was fascinated by her smile.
그는 그녀의 미소에 마음을 빼앗겼다.

★★

fancy
[fǽnsi]

명 공상, 공상력

Does the movie stimulate your fancy or imagination?
그 영화가 당신의 환상이나 상상력에 자극을 주었습니까?

fantastic
[fæntǽstik]

형 환상적인, 몽환·공상적인, 기상천외의

The beginning of his novel is fantastic.
그의 소설의 시작은 기상천외하다.

frighten
[fráitn]

동 두려워하게 하다, 흠칫 놀라게 하다, 을러서 내쫓다

A clown is trying to frighten a child.
광대가 어린아이를 놀래키려고 한다.

frightening

형 무서운, 굉장한, 놀라운

grocery
[gróusəri]

명 식료품류, 잡화류

I will pick up some dairy products from the grocery shop.
나는 식료품점에서 유제품을 좀 살 것이다.

hide
[haid]

[hide – hid – hidden]

동 숨기다, 보이지 않게 하다

She hid her face in her hands.
그녀는 손으로 얼굴을 가렸다.

intrinsic
[intrínsik]

형 본질적인, 본래 갖추어진, 고유의

The work had little intrinsic value to him.
그 일은 그에게 본질적인 의미를 가지고 있었다.

kingdom
[kíŋdəm]

명 왕국, 왕토, 왕령

The queen invited foreigners into her kingdom.
여왕은 외국인들을 그녀의 왕국으로 초대했다.

★★★

maximize
[mǽksəmàiz]

동 최대화하다, 최대값을 구하다

We lowered our operating costs in order to maximize profits.
우리는 수익을 최대화하기 위해 운영비를 낮췄다.

★★★

maximum

명 최대, 최대한도, 최대량　　형 최대의, 최고의, 극대의

★★

moisture
[mɔ́istʃər]

명 습기, 수분, 수증기

Heated air contains more moisture.
더운 공기는 더 많은 수증기를 포함한다.

★★★

multiple
[mʌ́ltəpəl]

형 다수의, 복합의, 다양한　　명 배수, 배량

He finally selected the winner from multiple candidates.
그는 다수의 후보 중에서 마침내 우승자를 결정했다.

★★★★★

practice
[prǽktis]

명 실행, 실시, 실제

His invention has proved unsatisfactory in practice.
그의 발명품은 실제에는 매우 불만족스러운 것으로 나타났다.

★★★★★

prey
[prei]

명 먹이, 희생, 밥　　동 잡아먹다, 먹이로 하다

Claws of birds can catch and hold their prey.
새의 발톱은 그들의 먹이를 잡을 수 있게 한다.

★★★★

primary
[práimèri]

형 첫째의, 최초의, 원시적인, 근원적인

The sun is of primary importance to mankind.
태양은 인류에게 가장 중요한 것이다.

★★★
primarily

부 첫째로, 최초로, 처음에는, 원래, 근본적으로, 본래는

★★★★★

recover
[rikʌ́vər]

동 회복하다, 극복하다

I recovered from car accident over several weeks.
나는 몇 주 동안 교통사고로부터 회복했다.

★★
recovery

명 극복

★★★★

subtle
[sʌ́tl]

형 미묘한, 포착하기 힘든, 난해한

She has a sweet subtle smile and graceful gestures.
그녀는 애교 많은 은근한 미소와 우아한 몸짓을 가졌다.

★★★

tend
[tend]

동 ~하는 경향이 있다, ~로 향하다, 가다, 도달하다

He tends to exaggerate his stories from the truth.
그는 그의 이야기를 진실보다 더 과장하는 경향이 있다.

★★

thorough
[θə́ːrou]

형 철저한, 충분한, 완벽한, 완전한

He has a thorough knowledge of chemistry and its history.
그는 화학과 화학의 역사에 대한 충분한 지식을 가지고 있다.

troop
[truːp]

명 군대, 병력, 떼, 무리

He was only captain of a troop of calvary.
그는 기마부대의 유일한 지휘관이었다.

★★★

valid
[vǽlid]

형 효과적인, 근거가 확실한, 확실한, 정당한, 들어맞는

My visa to the USA is not valid any more.
내 미국 비자는 더 이상 유효하지 않다.

★★

vigorous
[vígərəs]

형 정력 왕성한, 원기 왕성한, 활발한, 박력 있는, 강건한

He has vigorous handshake.
그는 악수를 세게 한다.

DAY 20

★★

visible
[vízəbəl]

형 눈에 보이는, 명백한, 분명한

He controlled himself with visible effort.
그는 자신을 절제하는 것이 눈에 보였다.

★★★

vital
[váitl]

형 생명의, 생명 유지에 필요한, 생명의 원천을 이룬

Water is a vital for life.
물은 일상생활에 꼭 필요한 필수품이다.

★★

☐ **address**

[ədrés]

동 주소를 쓰다, 보내다, 연설하다, 호칭으로 부르다
명 주소, 연설

My boss continued to address him.
내 상사는 계속 그를 불렀다.

Write to the same address.
같은 주소로 편지를 써라.

★★★

☐ **apologize**

[əpάlədʒàiz]

동 사과하다, 사죄하다, 죄송하다

He apologized, but I couldn't forgive him.
그가 사과했지만 나는 그를 용서할 수 없었다.

★★
apologetic

형 사과의, 변명의

★★
apology

명 사과, 사죄, 변명

★★

☐ **assembly**

[əsémbli]

명 국회, 의회, 집회, 입법부, 조립

He protects the assembly of the people.
그는 국민의 의회를 보호한다.

★★
assemble

동 구성하다, 모으다, 소집하다, 조립하다

★★★★

☐ **asthma**

[ǽzmə]

명 천식

This pill helps increase respiratory capacity and it's good for asthmatic patients.
이 약은 폐활량을 증가하는데 도움을 주어 천식 환자에게 좋다.

★ ★ ★ ★ ★

claim
[kleim]

동 주장하다, 말하다, 요구하다, 차지하다, 제기하다
명 요구, 청구, 주장, 제기

This is what I claim is my discovery.
이것이 내 발견이라고 주장하는 것이다.

He made a claim against his father.
그는 그의 아버지에게 청구했다.

★ ★ ★

conclusion
[kənklúːʒən]

명 결론, 타결, 종료

The most recent experiments also bring us to the same conclusion.
가장 최근의 실험도 우리에게 같은 결론을 주었다.

★ ★ ★ ★ ★
conclude

동 결론짓다, 체결하다, 맺다

★ ★ ★ ★ ★

consequently
[kάnsikwèntli]

부 결과적으로, 그 결과로서, 그에 따른

There is consequently no room for natural selection.
결과적으로 자율선택을 위한 여유가 없다.

★ ★ ★ ★ ★
consequence

명 결과, 중요성, 결말

★ ★ ★

consist
[kənsíst]

동 이루어지다, 구성되다

The participle may consist of two or more words.
분사는 두 개 이상의 단어로 구성될 수 있다.

★ ★

disaster
[dizǽstər]

명 재난, 재앙, 사고, 피해, 실패

It ended in a terrible disaster for Nepal.
그것은 네팔에게 끔찍한 재앙으로 끝이 났다.

★ ★ ★
disastrous

형 피해가 막심한, 비참한

★★

distress
[distrés]

몡 고통, 고난, 곤란　　됭 괴롭히다, 고통스럽게 하다

He was in a state of severe **distress**.
그는 극심한 고통에 시달리고 있는 상태였다.

★★★★

diverse
[divə́ːrs]

혱 다양한, 여러 가지의, 광범위한, 각계 각층의

Diverse questions still remains.
여전히 여러 가지 의문점이 남아있다.

★★★★★
diversity

몡 다양성, 상이, 변화

★★★

esteem
[istíːm]

몡 존중, 존경　　됭 존경하다, 평가하다, 여기다

Their letters prove their unceasing mutual **esteem** and love.
그들의 편지는 두 사람의 끊임없는 존경과 사랑을 증명한다.

self-esteem

자부심

★★

fate
[feit]

몡 운명, 천명

His allusions to nature and **fate** remind me of this poet.
그의 본성과 운명은 이 시를 떠오르게 한다.

★★★★

harmful
[háːrfəl]

혱 해로운, 유해한

Light-baths are supposed to be **harmful** for your skins.
일광욕은 당신의 피부에 해롭다.

★★★★★
harm

됭 해치다, 피해를 입히다　　몡 손해, 불편

★★

hostile
[hάstil]

형 적대적인, 호전적인, 강경한, 부적당한

At first, they were not **hostile** toward me.
처음에는 그들이 나에게 적대적이지 않았다.

★★★

hostility

명 적의, 적대감, 적개심

★★★★

interest
[íntərist]

명 흥미, 관심, 이해관계

Soon after, they lost all **interest** in the rumors.
얼마 지나지 않아, 그들은 소문에 대한 흥미를 잃었다.

★★

joyful
[dʒɔ́ifəl]

형 즐거운

DAY 21

They received him with **joyful** shouts and tears.
그들은 즐거움의 외침과 눈물로 그를 맞이했다.

★★

mammal
[mǽməl]

명 포유류, 포유동물

Dolphins are not fish but **mammals**.
돌고래는 어류가 아니라 포유류이다.

★★★

messy
[mési]

형 지저분한, 엉망인, 혼란을 일으키는

He tends to be **messy** when he's stressed.
그는 스트레스를 받으면 산만해지는 경향이 있다.

★

mess

명 혼란, 엉망진창

★★

nerve
[nə:rv]

명 신경, 용기, 뻔뻔스러움, 긴장

The brain of an individual adds no new **nerve** cells after a very early age.
뇌는 아주 어릴 때가 지나면 신경세포가 자라지 않는다.

★★★★
nervous

형 긴장되는, 불안한, 신경의, 초조한, 걱정하는

★★★★★

offer
[ɔ(:)fər]

동 제공하다, 제안하다, 제시하다, 지원하다

They **offered** me everything they could give.
그들은 그들이 줄 수 있는 모든 것을 나에게 주었다.

★★★★

protection
[prətékʃən]

명 보호, 경호, 방지, 비호

He obtains the most efficient **protection** against the enemy.
그는 적에 대항할 수 있는 가장 효과적인 보호장치를 가지고 있다.

★★★
protect

동 보호하다, 지키다, 막다

★★★★★

prove
[pru:v]

동 증명하다, 입증하다, 밝혀지다

The disease certainly **proved** fatal.
그 병은 치명적인 것으로 명백하게 밝혀졌다.

★
proof

명 증거, 증명, 입증

★★★

registration
[rèdʒəstréiʃən]

명 등록, 접수

There is consequent possibility of an error in the **registration**.
등록에 있어 오류가 있을 수 있다는 가능성이 항상 있다.

★
register

동 등록하다, 기록하다, 신청하다   명 등록기, 목록

★ ★ ★ ★

sympathetic
[sìmpəθétik]

형 호의적인, 동정적인, 공감하는

I received the most considerate and sympathetic treatment.
나는 가장 사려깊고 호의적인 대접을 받았다.

★ ★ ★ ★ ★
sympathy

명 동정, 연민

★ ★
sympathize

동 동정하다, 측은히 여기다

★ ★ ★

theme
[θiːm]

명 주제, 테마, 제목

He changed the theme of his article.
그는 그의 논문 주제를 바꿨다.

DAY **21**

★ ★

treat
[triːt]

명 한턱 내기, 대접, 기쁨
동 치료하다, 대하다, 대우하다, 취급하다, 대접하다

It is always a great treat for me to play with him.
그와 함께 어울릴 수 있는 것은 나에게는 항상 즐거움이다.

It is impossible for us to treat such a severe injury.
그렇게 심한 부상은 우리가 치료하기는 불가능하다.

★ ★ ★
treatment

명 치료, 처치

★ ★

trunk
[trʌŋk]

명 트렁크, 코, 몸통, 줄기, 간선

He is trying to acquire tree trunks to build a cottage.
그는 오두막을 짓기 위해 통나무를 구하려고 노력했다.

★★★★★

volunteer
[vὰləntíər]

> 형 자발적인
> 동 자원하다, 봉사하다, 지원하다
> 명 참가자

They could reconstruct the city through network of **volunteer** support.
그들은 자원봉사자들의 도움으로 도시를 재건할 수 있었다.

★★★
voluntarily
★★★
voluntary

> 부 자발적으로, 자진·자원해서

> 형 자발적인, 임의적인, 자진한

★★

ward
[wɔːrd]

> 동 막다, 피하다   명 병동

The pirate partly **warded** off the blow.
해적은 강타를 일부 막아냈다.

★★★

abandon
[əbǽndən]

동 버리다, 포기하다, 폐기하다, 떠나다

He was forced to abandon Darwin Theory.
그는 다윈 이론을 포기하라고 강요 받았다.

★★

aging
[éidʒiŋ]

명 숙성, 나이 먹음

I think we should embrace aging.
우리는 나이 들어가는 것을 자연스럽게 생각해야 한다.

★★★

arctic
[ɑ́ːrktik]

형 북극의   명 극지방

There are a plenty of prey for the animals in the arctic regions.
북극지방에는 동물들을 위한 먹이가 많이 있다.

★★

assign
[əsáin]

동 할당하다, 지정하다, 부여하다, 정하다

She had been assigned a totally different task from what she did before.
그녀는 이전에 그녀가 했던 일과는 전혀 다른 일을 배정받았다.

★★
assignment

명 과제, 숙제, 임무

★★★★

attitude
[ǽtitjùːd]

몡 태도, 자세, 사고 방식, 몸가짐

His **attitude** was threatening.
그의 태도는 위협적이었다.

★★★

conference
[kάnfərəns]

몡 회견, 회의, 회담, 총회, 협의

The scouts want to hold a **conference**.
스카우트는 회의의 개최를 원한다.

★★★

contemporary
[kəntémpərèri]

혱 현대의, 동시대의, 최신의, 동년배의

It's common to **contemporary** criticism.
그것은 현대 비평에서는 일반적인 것이다.

★★★★★

damage
[dǽmidʒ]

동 손상을 주다, 훼손하다   몡 피해, 손상, 손해, 배상금

The lighthouse was badly **damaged** because of the tornado.
그 등대는 토네이도 때문에 심하게 파손되었다.

★★★★★

describe
[diskráib]

동 묘사하다, 설명하다, 표현하다, 기술하다, 그리다

I have **described** the struggle for the independence of Greece.
나는 그리스의 독립을 위한 투쟁을 설명했다.

★★★★★
description

몡 설명, 묘사, 기술, 서술

★★

disposal
[dispóuzəl]

몡 처리, 처분, 폐기

You can use the materials at your disposal freely.
당신은 재료를 일회용으로 자유롭게 사용할 수 있다.

★★★
dispose

图 처리하다, 처분하다, 폐기하다

★★

dormitory
[dɔ́ːrmətɔ̀ːri]

몡 기숙사

I want to have a large dormitory at university.
나는 대학에서 큰 기숙사 방을 가지길 바란다.

★★★★

element
[éləmənt]

몡 요소, 원소, 구성, 부분, 원리

They contain the same organic elements.
그들의 생체 구성 요소는 동일하다.

DAY 22

★
elemental

혱 광포한, 자연력의

★★★

expand
[ikspǽnd]

图 확대하다, 확장하다, 늘다, 성장하다, 넓히다

The emperor was eager to expand his territory.
정복자는 영역을 넓히는데 혈안이 되어 있었다.

★★★
expansion

몡 확장, 확대, 팽창, 증대, 증설

★★
expansive

혱 광활한, 툭 트인

★★

genuine
[dʒénjuin]

혱 진실된, 진짜의, 순수한, 성실한

Interest and passion have at genuine effect.
흥미와 열정은 그 자체로도 순수한 효과를 낼 수 있다.

★★★
genius

몡 천재, 비범한, 영재

★★

immigrant
[ímigrənt]

몡 이민, 이주자, 입국자

The town was built by immigrants.
그 마을은 이민자에 의해 세워졌다.

★★★★
immigrate

동 이민하다, 이주하다

★★★★★

independent
[indipéndənt]

형 독립한, 무소속의, 독자적인, 자유의

I am quite independent.
나는 꽤 독립적이다.

★★★
independence

몡 독립, 자립, 자주

★★
independently

用 독립적으로, 자유롭게, 따로따로, 공식적으로

★★★★

intense
[inténs]

형 강렬한, 심한, 집중적인, 거센

A little chalk added to the dye bath makes the color more intense.
염색통에 분필을 조금 넣으면 색이 더욱 강해진다.

★★★
intensive

형 집중적인, 강도 높은, 집약적인, 중점적인   형 전문의

★★★★

introduce
[intrədjúːs]

동 소개하다, 도입하다, 선보이다

Chilean wines have been largely introduced into Korea after the FTA passed.
FTA 이후로 칠레 와인은 한국에 광범위하게 소개되었다.

★★★★★
introduction

몡 도입, 소개, 서문, 머리말, 입문

★★
introductory

형 서두·서론·서문 도입부의

★★

lasting
[læstiŋ]

형 지속되는, 영구적인, 내구력이 있는, 오랜

This perfume has such a lasting scent.
이 향수는 오래 지속되는 향을 가지고 있다.

★★

migrate
[máigreit]

동 이주하다, 이동하다

His family was forced to migrate.
그의 가족은 이주를 강요 받았다.

★★★★
migrant

명 철새, 이주자

★★

neutral
[njú:trəl]

형 중립적인

His opinion on war still remains neutral.
전쟁에 대한 그의 의견은 여전히 중립이다.

DAY 22

★
neutralize

동 무효화·상쇄시키다

★★★

operate
[ɑ́pərèit]

동 운영하다, 영업하다, 작동하다, 운행하다, 관리하다

Today some industries operate continuously, but most of them do not.
오늘날 몇몇 산업은 계속 운영되지만 대부분의 산업은 그렇지 못하다.

★★★
operation

명 작전, 운영, 수술, 사업, 활동

★★★

organic
[ɔ:rgǽnik]

형 유기적인, 근본적인, 장기의, 조직적인

It is heated to a high temperature to destroy any organic matter.
유기적인 특징을 파괴하기 위해 그것은 높은 온도로 가열되었다.

★★★
organism

명 생물, 유기체, 인간, 생체

★★

regulation

[règjəléiʃən]

[명] 규제, 규정, 법규

We are suffering from too many **regulations**.
우리는 너무 많은 규제로 고통받고 있다.

★★★ **regulate** [동] 규제하다, 조절하다, 규정하다

★★★★★

relatively

[rélətivli]

[부] 비교적으로, 상대적으로, 비하여

The English languages are **relatively** unmusical.
영어는 상대적으로 음악적 요소가 적다.

★★★★★ **relative** [명] 친척, 인척 [형] 상대적인, 비교적인, 비례한

★★★ **relate** [동] 관련시키다, 관계시키다, 연관되다, 연결되다

★★★★

resistance

[rizístəns]

[명] 저항, 반대, 내성, 저지, 레지스탕스

The whole nation demonstrated a strong **resistance** to the new leader.
나라 전체가 새로운 지도자에게 큰 저항을 보였다.

★★★ **resist** [동] 저항하다, 참다, 반대하다, 저지하다

★★ **resistant** [형] 저항하는, 저항력이 있는

★★

ultimate

[ʌ́ltəmit]

[형] 궁극적인, 최종의, 최고의, 근본적인

The shop was sure of **ultimate** success.
그 상점은 대성공이 보장되었다.

★★ **ultimately** [부] 마침내, 결국, 최후로

★★★

unfortunately
[ʌnfɔ́ːrtʃənitli]

㉮ 불행하게도, 안타깝게도, 유감스럽게도

The accident happened anyway, **unfortunately** for him.

그에게는 안타깝지만 사고가 일어났다.

★★★
unfortunate

㉝ 불행한, 유감스러운

★★

virus
[váiərəs]

㉤ 바이러스, 병균

A computer **virus** erased my movie clips.

컴퓨터 바이러스가 내 영화를 지웠다.

★★
viral

㉝ 바이러스의, 바이러스가 원인인, 바이러스성의

★★

weed
[wiːd]

㉱ 잡초를 뽑다　　㉤ 잡초, 마리화나

I used to **weed** when I was a boy.

나는 어렸을 때 잡초를 뽑곤 했다.

★★★★

willing
[wíliŋ]

㉝ 기꺼이 하는, ~할 의사가 있는, 적극적인, 알맞은

He tries to find a friend **willing** to rent his house during his vacation.

그는 그의 휴가 기간 동안 집을 기꺼이 빌려줄 친구를 찾고 있다.

★★

witness
[wítnis]

㉤ 목격자, 증인　　㉱ 증언하다, 보다

God is my **witness** that I'm innocent.

하느님은 나의 결백을 증명해줄 증인이다.

abuse
★★
[əbjúːz]

명 악용, 욕, 폭행, 욕설   동 남용하다, 학대하다, 악용하다

They tried to correct the abuse of royal power.
그들은 왕권의 남용을 바로잡으려 노력했다.

accomplish
★★★
[əkάmpliʃ]

동 이루어 내다, 달성하다, 완수하다   형 훌륭한

The blending has been satisfactorily accomplished.
그 화합은 성공적으로 이루어졌다.

adopt
★★★★★
[ədάpt]

동 채택하다, 입양하다, 도입하다, 취하다, 적용하다

We will adopt the same methods on our experiments with coal.
우리는 소량의 석탄을 가지고 동일한 실험에 적용할 것이다.

adoption ★★★
명 채용, 채택, 양자결연, (입후보자의) 공천

adoptive ★★
형 채용하는, 양자 관계의

adoptee ★
형 양자, 채용된 것

artificial
★★
[ὰːrtəfíʃəl]

형 인공의, 인위적인, 인조의

It is necessary to introduce some artificial means.
인공적인 수단을 소개하는 것이 필요하다.

★★

barrier
[bǽriər]

명 장벽, 장애물, 장애

They armed themselves with axes and demolished the barrier.
그들은 도끼로 무장하고 장애물을 파괴했다.

★★★★

behave
[bihéiv]

동 행동하다, 처신하다, 작용하다

You need to behave yourself.
너는 처신을 똑바로 할 필요가 있다.

★★★★★
behavior

명 행동, 행위, 태도, 행태, 행실

★★★
↔ **misbehave**

동 버릇없는 짓을 하다, 부정을 저지르다, 예상외의 행동을 하다

★★★

DAY 23

contribute
[kəntríbjuːt]

동 기여하다, 공헌하다, 도움이 되다, 기부하다, 제공하다

His son contributes largely to the happiness of his family.
그의 아들은 가족의 행복에 많은 도움이 되고 있다.

★★★
contribution

명 기여, 공헌, 기부, 기고

★★★
contributor

명 기부자, 기고가

★★★

cooperative
[kouǽpərèitiv]

형 협력적인, 협조적인, 협동하는, 우호적인

They are very cooperative.
그들은 매우 협조적이다.

★★★★
cooperation

명 협력, 협조, 교류, 협동조합

decrease
[díːkriːs]

동 감소하다, 줄어들다, 떨어지다, 축소되다

Foreign goods are available with a great decrease in cost.
수입품을 크게 내린 가격에 구할 수 있다.

★★★
decreasing
★★★
decreasingly

형 감소하는, 차차 적어지는

부 점점 줄어들어, 감소하여

★★

disturb
[distə́ːrb]

동 방해하다, 어지럽히다, 불안하게 하다, 교란하다

Swarms of huge fireflies have been disturbed.
날파리 무리들이 방해가 된다.

★★★
disturbing
★★★
disturbed
★★★
disturbance

형 불안한, 불쾌한, 충격적인, 방해하는, 혼란을 주는

형 불안한, 산란한, 마음이 동요하고 있는

명 소란, 방해, 장애, 불안, 타격

★★

edible
[édəbəl]

형 먹을 수 있는   명 식품

There are about a hundred edible herb species.
먹을 수 있는 허브 종류가 백여 가지가 있다.

★
↔ **inedible**

형 먹을 수 없는, 못 먹는, 식용에 적합하지 않은

★★★★

familiarity
[fəmiljǽrəti]

명 친밀함, 잘 알고 있음

Our familiarity has made us cooperative with each other.
우리의 친밀함이 서로에게 더 협조적이게 했다.

★★
familiarize

동 일반화하다, 익숙해지게 하다, 숙지시키다

grasp
[græsp]

(동) 파악하다, 이해하다, 움켜잡다　　(명) 손아귀

The ability to **grasp** the idea is crucial to completing the project.
아이디어를 잡아내는 능력이 프로젝트를 완료하는데 아주 중요하다.

★ ★ ★

illusion
[ilúːʒən]

(명) 환상, 착각

He suffered from **illusions** about himself.
그는 자신에 대한 환상으로 고통받았다.

★ ★ ★ ★

improve
[imprúːv]

(동) 개선하다, 향상하다, 높아지다, 증진시키다

He is happy when he feels that he is **improving**.
그는 그가 나아지고 있다고 느끼면 행복하다.

DAY 23

★ ★
improvement

(명) 개선, 향상, 발전, 개량

★ ★ ★ ★

insurance
[inʃúərəns]

(명) 보험, 보험금

The company offered a huge amount of **insurance** after the incident.
그 사고 이후에 회사는 막대한 금액의 보험금을 제의했다.

★ ★ ★ ★ ★

lead
[liːd]

(동) 이끌다, 선도하다, 일으키다　　(명) 선도, 지도, 선두

Does familiarity with one's work sometimes **lead** to carelessness?
일에 대한 친숙도가 가끔 부주의로 이끌 수 있습니까?

★ ★ ★
leadership

(명) 지도력, 리더십, 대표, 선도, 권력

★★

misleading
[mislíːdiŋ]

형 허위의, 오해하게 하는, 오도하는

Conclusions drawn from trainees may be misleading.
훈련생들에 의해 내려진 결론은 오도될 수 있다.

★★

modify
[mάdəfài]

동 변경하다, 변형하다, 조절하다

They will need to modify the compounds to suit their needs.
그들은 용도에 맞게 화합물 형태의 변형이 필요할 것이다.

★★
modification

명 수정, 변경, 조절

★★

noticeable
[nóutisəbəl]

형 눈에 띄는, 주목할 만한, 두드러진, 미세한

There is no more noticeable evidence of the robbery.
이보다 더 눈에 띌 만한 강도의 흔적은 없다.

★★★★

observe
[əbzə́ːrv]

동 관찰하다, 보다, 지키다, 준수하다, 목격하다

They are easily observed examples.
그들은 쉽게 예시들을 관찰할 수 있다.

★★★★
observation

명 관찰, 관측, 전망, 의견

★★★

output
[áutpùt]

명 출력, 생산, 생산고

Thanks to technical developments, we have obtained maximum output.
기술 발전 덕분에 우리는 출고량을 최대로 끌어낼 수 있다.

ownership
[óunərʃip]

몡 소유권, 지분, 지배권

They change ownership with similar formalities.
그들은 소유권을 비슷한 형태로 바꾸었다.

★ ★

remote
[rimóut]

혱 외딴, 먼, 원격의, 희박한

The lodges were too remote to reach by vehicle.
그 오두막은 차로 가기에는 너무 멀다.

★ ★ ★ ★ ★

satisfaction
[sæ̀tisfǽkʃən]

몡 만족, 충족

Simple things can give great satisfaction.
작은 일이 큰 만족을 줄 수 있다.

DAY 23

★ ★ ★
satisfy

동 만족시키다, 충족시키다, 이루다, 다하다, 충분하다

★ ★ ★
satisfied

혱 만족한, 납득한, 충족된

★ ★ ★
satisfactory

혱 만족스러운

★ ★ ★ ★

scared
[skɛərd]

혱 무서운, 겁먹은, 놀란, 공포에 떠는

When you came charging into the building, he got scared.
그 건물까지 네가 쫓아오자 그가 겁을 먹었다.

★ ★ ★
scare

동 두려워하다, 놀라게 하다

★ ★ ★
scary

혱 무서운, 두려운

★★★★★

security
[sikjúəriti]

® 안보, 보안, 안전, 보장, 증권

The new laws were passed under the pretense of increasing security.
보안을 강화해야 한다는 현재의 요구에 새로운 법안이 통과되었다.

★★★★
secure

⑧ 확보하다, 보장하다, 지키다

★★★

via
[víːə]

⑨ ~을 경유하여, 거쳐

He has gone to Russia via Germany.
그는 독일을 거쳐 러시아로 가버렸다.

★★

widely
[wáidli]

⑨ 널리, 가장, 광범위하게, 대부분

Her brand has become widely popular.
그녀의 브랜드는 널리 유명해졌다.

★★

wooden
[wúdn]

⑧ 나무의, 목제의, 나무로 만든

An old wooden building has fallen.
낡은 나무로 된 건물이 무너졌다.

★★

workplace
[wə́ːrkpleis]

® 직장, 일터, 작업장

His workplace is always messy.
그의 작업장은 항상 지저분하다.

★★

☐ **absorb**

[æbsɔ́ːrb]

동 흡수하다, 열중하다, 받아들이다, 빼앗다, 빨아들이다

Plants **absorb** oxygen, carbon dioxide, and water.
식물이 산소, 이산화탄소, 물을 흡수한다.

★★
absorption

명 흡수, 몰두, 전념

★★
absorptive

형 흡수하는, 흡수성의, 흡수력이 있는

★★

☐ **accumulate**

[əkjúːmjəlèit]

동 축적하다, 누적하다, 늘다, 모으다

After many years in business, he began to **accumulate** great wealth.
수년 동안의 사업 이후 그는 부를 축적하기 시작했다.

★
accumulation

명 축적, 누적, 축적물

★★

☐ **acknowledge**

[æknɑ́lidʒ]

동 인정하다, 알다, 확인하다, 감사하다, 승인하다

They failed to **acknowledge** the truth.
그들은 진실을 알아채는 데 실패했다.

★
acknowledged

형 승인된, 일반적으로 인정되어 있는, 정평이 있는

★
acknowledgment

명 승인, 인정, 인지

★
acknowledgeable

형 인정할 수 있는

★★★

acquire
[əkwáiər]

⑧ 얻다, 인수하다, 갖다, 배우다, 구입하다

He will acquire a brilliant reputation.
그는 뛰어난 명성을 얻게 될 것이다.

★★★

adapt
[ədǽpt]

⑧ 적응시키다, 순응하다, 개작하다

If we change our diet, our body will adapt in a few days.
우리가 식이를 바꾸면, 우리 몸은 며칠 내로 적응할 것이다.

★★★★
adaptation
★★
adaptive
★
adaptability

⑨ 각색, 적응

⑩ 적응할 수 있는, 적응하는, 적응성이 있는

⑨ 순응성, 적응성, 융통성

★★★★

attack
[ətǽk]

⑨ 공격, 습격   ⑧ 공격하다

The attack will begin when the sun rises.
해가 뜨면 공격이 시작될 것이다.

★★

attain
[ətéin]

⑧ 달성하다, 도달하다, 얻다

Students wish to know how to attain to good score on the exam.
학생들은 시험에서 좋은 성적 얻는 방법을 알고 싶어 한다.

★★★★★

bit
[bit]

⑨ 조금, 약간

She only ate a bit of bread.
그녀는 빵을 조금 먹었을 뿐이다.

★★★

blame
[bleim]

동 비난하다, 탓하다, 나무라다

We can't blame him for stopping the race under the circumstances.
여러 상황 속에서 우리는 그가 경기를 멈춘 것을 비난할 수 없다.

★★

boundary
[báundəri]

명 경계, 영역, 한계, 테두리

He has an oak forest near your boundary.
그는 너의 영역 근처에 참나무 숲을 가지고 있다.

★★★★

credit
[krédit]

명 신용, 학점, 채권

Donations can be made either through online payments or by credit card.
기부는 온라인 납부나 신용카드를 통해 가능하다.

DAY 24

★★★

current
[kə́ːrənt]

명 해류, 전류　　형 현재의, 현행의, 지금의

Geographic features may change from the action of wind or water currents.
지형적인 특징은 바람이나 해류의 영향으로 바뀔 수 있다.

Many of the current rumors about her actions were no doubt.
그녀의 행동에 대한 현재의 소문은 의심할 여지가 없다.

★★★

dame
[deim]

명 귀부인, 신분이 있는 여성, 신분이 있는 여성의 존칭

I still remember what the good old dame told me.
나는 그 귀부인이 나에게 한 말을 아직 기억하고 있다.

★★★★

directly
[diréktli]

(부) 직접적으로, 곧장, 똑바로, 즉시

I couldn't look directly at my father.
나는 똑바로 아버지를 쳐다볼 수도 없었다.

★★

draft
[dræft]

(명) 초안, 입안, 징병, 기초

As soon as I finished first draft, I sent it to my editor.
첫 번째 초안이 끝나자 마자 나는 내 편집자에게 보냈다.

★★

endure
[endjúər]

(동) 견디다, 지속하다, 겪다, 이기다, 허락하다

It was miserable, but he endured it.
그것은 끔직했지만 그는 견뎌냈다.

★★★★

financial
[finǽnʃəl]

(형) 금융의, 경제의, 재정적인, 재무의, 회계의

His company is famous for its great skill in financial matters.
그의 회사는 재무 문제에 있어 뛰어난 기술로 유명하다.

★★★

guide
[gaid]

(동) 안내하다, 지도하다, 인도하다, 유도하다

Parents should guide their children properly.
부모는 자기 자식을 올바르게 지도해야 한다.

★★
guideline

(명) 지침, 가이드라인, 기준, 정책, 방법

★★

indifference
[indífərəns]

몡 무관심, 냉담

He treated her with great indifference.
그는 그녀를 아주 냉담하게 대했다.

★★
indifferent

혱 무심한, 냉담한

★★★★★

influence
[ínfluəns]

몡 영향, 외압

Human activities have had a powerful influence upon the environment.
인간의 행동은 문명의 발달에 강력한 영향을 끼쳤다.

★★
influential

혱 영향력 있는, 유력한

★★★★

internal
[intə́:rnl]

혱 내부의, 국내의, 내정의, 체내의

Growth of internal organs is associated with nutrition.
내부 장기의 성장은 영양과 관계가 있다.

★★★★

length
[leŋkθ]

몡 길이, 기간, 거리, 세로

The newly built bridge will be 50 km in length when completed.
새로 지어진 다리는 완공되면 길이가 50km가 된다.

★★
lengthy

혱 오랜, 긴

★★

modest
[mάdist]

혱 겸손한, 적당한, 수수한, 정숙한

She is trying to improve the lives of immigrants and lead an unselfish, modest life.
그녀는 이민자의 삶의 질을 향상시키려 노력하며 이기적이지 않은 수수한 삶을 살아가고 있다.

★★

monitor
[mɑ́nitər]

[동] 감시하다, 관찰하다, 감독하다, 조사하다

They keep **monitoring** if the patient's fever falls.
그들은 환자의 열이 떨어지는지 계속 관찰한다.

★★★

pace
[peis]

[명] 속도, 페이스 [동] 보조를 맞추다

He kept **pace** with the child's rapid recovery.
그는 아이의 빠른 회복 속도를 맞추었다.

★★★★

pair
[pɛər]

[명] 한 쌍, 2인조, 한 벌 [동] 짝지어주다

The **pair** of wine glass is packed in a bubble wrap.
한 쌍의 와인 잔이 발포비닐에 포장되어 있다.

★★

panic
[pǽnik]

[명] 공황, 공포, 당황 [동] 두려워하다

She was seized with a sudden **panic**.
그녀는 갑작스런 공포로 몸이 굳었다.

★★★

percentage
[pərséntidʒ]

[명] 퍼센트, 비율, 부분, 백분율

Strong teas contain large **percentage** of tannin.
강한 차에는 타닌의 비율이 높다.

★★★

restricted
[ristríktid]

[형] 제한된, 한정된, 좁은

He is allowed to move around within very **restricted** distances.
그는 매우 제한적인 지역에만 왕래가 허가된다.

★★★ **restrict**	통 제한하다, 한정하다, 금지하다
★★ **restriction**	명 제한, 제한하는 것, 제약 조건
★★ **restrictive**	형 제한하는, 제한적인, 한정적인

★★★★★

☐ **share**

[ʃɛər]

통 공유하다, 나누다, 점유하다　　명 주식, 주가

I share a room with my sister.
나는 여동생과 방을 함께 쓴다.

★★★★
sharing　　명 서로 나누어 가지기

★★★★

☐ **signal**

[sígnəl]

명 신호, 통신, 조짐　　통 시작을 알리다

There was a repetition of the same signal.
반복된 신호가 있었다.

DAY 24

★★★★
sign　　통 계약하다, 서명하다, 체결하다　　명 신호, 징후

★★★★

☐ **significance**

[signífikəns]

명 중요성, 중대성, 의의

This case has a peculiar significance.
이 사건에는 큰 특이점이 있다.

★★★

☐ **accident**
[ǽksidənt]

® 사고, 교통사고, 사건, 재난

Her parents died in a car **accident**.
그녀의 부모님은 교통사고로 돌아가셨다.

★★
accidentally

⊛ 우연히, 잘못하여, 뜻하지 않게

★★
accidental

⊛ 우발적인, 우연한, 사고로 인한, 실수로

★★

☐ **activate**
[ǽktəvèit]

⑧ 활동적이게 하다, 가동시키다, 활성화시키다

The factory doesn't have enough fuel and it cannot
activate the engine.
그 공장은 연료가 부족해 엔진을 가동할 수 없다.

★★★
inactive

⊛ 활발하지 않은, 활동하지 않는, 소극적인

★★
interactive

⊛ 대화식의, 쌍방향의, 상호적인

★★★

☐ **advance**
[ædvǽns]

® 발전, 진출, 발달, 진보   ⑧ 나아가다

You can get an e-Book in **advance** before your book
arrives.
당신은 책이 도착하기 전에 이북을 먼저 받을 수 있다.

in advance

미리, 앞당겨

★★★
advancement

⊛ 승진, 진보, 전진

★★
advancing

⊛ 전진하는, 발달의

★★

aggressive
[əgrésiv]

형 공격적인, 적극적인, 과감한

He was **aggressive** and had a militant in spirit.
그는 공격적이었고 군인 정신을 가졌었다.

★★★

aid
[eid]

동 돕다　　명 지원, 원조, 도움, 구호, 보조

We wanted to free him so we **aided** his escape.
우리는 그에게 자유를 주고 싶어 그의 탈출을 도왔다.

★

unaided

형 구조를 받지 않은, 도움이 없는

★★★

attend
[əténd]

동 참석하다, 다니다, 주의하다, 돌보다

He sent an RSVP but didn't **attend** the party.
그는 참석하겠다고 해놓고 파티에 오지 않았다.

★★
attention

명 관심, 주의력, 주목, 주의, 집중

★★
attendance

명 참석, 출석, 관객, 돌봄

★★★★

audition
[ɔːdíʃən]

명 심사, 오디션

She is waiting for her **audition** result.
그녀는 그녀의 오디션 결과를 기다리고 있다.

★★★

bond
[band]

명 유대, 회사채, 결속, 채권

Our family has a strong **bond**.
우리 가족은 유대관계가 강하다.

★★

branch
[bræntʃ]

명 지점, 지사, 지부, 지국, 가지

My company is trying to open a new branch.
우리 회사는 새로운 지점을 내려고 한다.

★★★★★

budget
[bʌ́dʒit]

명 예산, 재정, 예산안

I can't launch this project due to the budget limit.
예산 제한 때문에 이 프로젝트를 시작할 수 없다.

★★★

dense
[dens]

형 밀집한, 짙은, 고밀도의, 우둔한

The cheese he made is remarkably dense.
그가 만든 치즈는 아주 진하다.

★★★
density

명 밀도, 농도, 조밀도

★★★

differ
[dífər]

동 다르다, 차이가 나다, 생각이 다르다

The original painting obviously differs from its imitation.
원작 그림은 모작과는 확연히 구분된다.

★★★★
difference
★★★★
differently
★★
differentiate

명 차이, 차액, 다른 점, 변화, 구별

부 다르게, 다양하게, 특별하게

동 ~을 구별하다, 차별하다, 차이가 생겨나다

★★

edition
[idíʃən]

명 판, 전 발행 부수, 1회분

She gave me the first edition of a Charles Dickens' novel for my birthday.
그녀는 내 생일 선물로 찰스 디킨스 소설의 초판을 주었다.

★	
edit	통 편집하다, 교정하다
★	
editorial	형 편집의, 편집과 관련된
★	
editing	명 편집, 교정

★★★★

☐ **encouraging** 형 격려하는, 용기를 북돋아 주는, 고무적인, 격려가 되는

[enkə́ːridʒiŋ]

His answer may not be very encouraging.
그의 답이 고무적이지 않을 수 있다.

★★★
encourage 통 격려하다, 장려하다, 권하다, 조장하다, 촉진하다
★★★
encouraged 형 격려 받은, 고무된
★★★
encouragement 명 격려, 장려, 용기

★★

☐ **exhausted** 형 다 써버린, 소모된, 기진맥진한

[igzɔ́ːstid]

After the long fight, both of them were exhausted.
오랜 싸움 뒤 둘 다 매우 지쳤다.

DAY 25

★★★★★

☐ **face** 명 얼굴, 표정　통 직면하다

[feis]

I remembered the face of every man who attended my
party.
나는 내 파티에 온 모든 사람의 얼굴을 기억했다.

★★

☐ **handwriting** 명 글씨, 필체, 필기, 자필

[hǽndràitiŋ]

Most importantly, I love his beautiful handwriting.
무엇보다 나는 그의 아름다운 필체를 좋아한다.

★★

induce
[indjúːs]

[동] 유도하다, 유발하다, 유인하다, ~하게 하다

His passion for his dream **induced** his parents to provide him with resources.
그의 꿈에 대한 열정이 그의 부모가 그를 인정하게 만들었다.

★★★★

install
[instɔ́ːl]

[동] 설치하다, 장착하다, 임명하다

First of all I **installed** an anti-virus program on my new laptop.
나는 먼저 내 새 노트북에 바이러스 방지 프로그램을 설치했다.

★★★

interpret
[intə́ːrprit]

[동] 해석하다, 이해하다, 통역하다, 설명하다

We may need to **interpret** what she really wants to say.
우리는 그녀가 진짜 하고 싶은 말이 무엇이었는지 통역이 필요할 수도 있다.

★★★
interpretation [명] 해석, 통역, 설명, 이해, 생각

★★
↔ **misinterpret** [동] ~을 오해하다, ~을 잘못 해석하다, 오역하다

★★★★

landscape
[lǽndskèip]

[명] 풍경, 지역, 지형, 경관, 조경

I must take you to study the eastern **landscape**.
나는 반드시 네가 동양 조경을 공부할 수 있도록 데려갈 것이다.

★★★★

male
[meil]

[명] 남성, 수컷

Both **male** and female singers were required for the operas.
그 오페라를 위해 남성, 여성 가수가 모두 필요하다.

★★

mutual
[mjúːtʃuəl]

형 상호적인, 서로의, 공동의

We have a **mutual** friend.
우리는 둘 다 아는 친구가 있다.

★★

nonverbal
[nɔnvə́ːrbəl]

형 말을 사용하지 않는, 말이 서투른, 비언어적인

Nonverbal communication is also very important.
말을 사용하지 않는 의사소통도 매우 중요하다.

★★★★

patent
[pǽtənt]

명 특허

He possesses several **patents** for medical devices.
그는 의학기기에 여러 개의 특허를 가지고 있다.

★★

payment
[péimənt]

명 지불, 지급, 돈, 대금, 상환

The banks in Greece are nearly broke, so we stopped
payment.
그리스의 은행은 거의 파산 지경이라 우리는 지급을 멈추었다.

★★★

peer
[piər]

명 또래, 동년배   동 유심히 보다

Surprisingly lots of students suffer from **peer** pressure.
놀랍게도 많은 학생이 친구들의 압박으로 고통받고 있다.

★★

ritual
[rítʃuəl]

명 의식, 제사, 절차

Some people get rid of stress with religious **rituals**.
몇몇 사람은 종교 의식을 통해 스트레스를 해소한다.

★★★★★

source

[sɔːrs]

[명] 정보원, 원천, 공급자, 출처, 자료

When he finished his article, he sent his **sources** to the editor for review.

그가 논문을 마무리했을 때 그는 자료 확인을 위해 편집자에게 보냈다.

★★★★

stuck

[stʌk]

[형] 갇힌, 곤경에 빠진

I am **stuck** at home for the evening.

나는 저녁 내내 집에 박혀 있다.

★

↔ **unstuck**

[형] 느슨해진, 붙어 있지 않은

★★

adequate
[ǽdikwət]

형 충분한, 부족하지 않은, 적당한

The gas with higher pressure draws in an adequate amount of air.
고압의 가스는 충분한 양의 공기를 몰고 온다.

★★
adequately　　부 적절히, 충분히, 알맞게

★★
adequacy　　명 타당, 적절함

★★

afterward
[ǽftərwərd]

부 그 후, 곧 이어

They agreed to the idea afterward, but they didn't like it first.
그들은 처음에 그 아이디어를 좋아하지는 않았지만 그 이후에는 동의했다.

★★★

allocate
[ǽləkèit]

동 할당하다, 배분하다, 책정하다

He tried to allocate their shares evenly.
그는 그들의 몫을 공평하게 할당하려고 했다.

★★
allocation　　명 할당

★★★

amused
[əmjúːzd]

동 즐겁게 하다

He amused himself by reading about the lives of the saint.
그는 성인의 삶에 대해 읽으면서 즐거워했다.

★★
appeal
[əpíːl]

명 호소, 항소, 매력, 항의　　통 마음에 들다

Their **appeals** don't sound reasonable.
그들의 호소는 합리적으로 들리지 않았다.

★★
belong
[bilɔ́(ː)ŋ]

통 속하다, ~의 것이다, 소유하다, 어울리다

This book **belongs** to my classmate.
이 책은 우리 반 친구의 것이다.

★★★
boring
[bɔ́ːriŋ]

형 지루한, 싫증나게 하는

The movie was **boring**, so I left.
영화가 너무 지루해서 나는 영화관을 나왔다.

★★★★
carbon
[kάːrbən]

명 탄소

Coal consists primarily of **carbon**.
석탄은 주로 탄소로 구성되어 있다.

★★
cattle
[kǽtl]

명 소

Sheep and **cattle** are consumed by man as sources of protein.
양과 소는 인간의 단백질 원천으로 소비되고 있다.

★★★★★
context
[kάntekst]

명 문맥, 상황

You can find its meaning from the **context**.
당신은 문맥 속에서 의미를 찾을 수 있을 것이다.

★★
contextual

형 문맥상의, 전후 관계에서 본, 전후 관계의

★★★

☐ **desperate**
[déspərit]

형 필사적인, 절망적인, 절실한, 자포자기의, 극도의

He was so desperate he was willing to beg.
그는 구걸을 할 정도로 절망적이었다.

★★★

☐ **distribution**
[dìstrəbjúːʃən]

명 유통, 분배, 배급, 배포, 분포

I want to find a company specializing in survey distribution.
나는 설문 배포에 특화되어 있는 회사를 찾고 있다.

★★★
distribute

동 배포하다, 공급하다, 분배하다, 기부하다

★★

☐ **endless**
[éndlis]

형 끝없는, 많은, 무한한, 장황한

Their love seems endless.
그들의 사랑은 끝이 없는 듯 보인다.

DAY **26**

★★

☐ **extend**
[iksténd]

동 연장하다, 확장하다, 늘리다, 미치다, 뻗다

The deadline was extended after no one applied.
아무도 지원하지 않자, 기한이 연장되었다.

★★
extensive

형 광범위한, 대규모의, 집중적인, 긴, 넓은

★★★★

☐ **facility**
[fəsíləti]

명 시설, 설비, 재능

This facility is where the complex parts are manufactured.
이 시설이 바로 복잡한 부품이 제작되는 곳이다.

fail
[feil]

동 실패하다, 못하다, 없다, 떨어지다

His trial experiment ended up failing.
그의 실험은 실패로 끝났다.

★★
failure

명 실패

★★

hazard
[hǽzərd]

명 위험, 해이   동 용기를 내어 ~해보다

Moral hazard became a big social problem.
도덕적 해이가 큰 사회적 문제가 되었다.

★★

inevitable
[inévitəbəl]

형 불가피한, 피할 수 없는, 필연적인   명 필연적인 것

Their reunion is inevitable.
그들의 결합은 피연적인 것이다.

★★★★

institution
[instətjúːʃən]

명 기관, 협회, 부처, 학회

Amateur singers organized a concert institution.
아마추어 가수들이 콘서트 협회를 만들었다.

★★
institute

동 시행하다   명 연구소, 전문교육기관, 대학교, 협회

★★★

leisure
[líːʒər]

명 여가, 레저   형 한가한

I want to have a good balance between work and
leisure.
나는 일과 여가의 균형을 맞추고 싶다.

★★★★

majority
[mədʒɔ́(:)rəti]

명 다수, 대부분, 과반수, 대다수

The majority of plants are not very important as dyes.
대다수의 식물들이 염료로서는 크게 중요하지 않다.

★★★★

objective
[əbdʒéktiv]

형 객관적인, 목표의　　명 목표, 목적

Before make your decision, take an objective look at reality.
결정을 내리기 전에 객관적인 현실을 살펴라.

★★
objectivity　　명 객관성

★★★
objectively　　부 객관적으로

★★

obstacle
[ɑ́bstəkəl]

명 장애, 방해, 장애물

There were many obstacles, but he finally achieved his goal.
많은 방해가 있었지만 그는 마침내 그의 목표를 이루었다.

DAY 26

★★

optimal
[ɑ́ptəməl]

형 최선의, 가장 바람직한, 최상의

A page will be the optimal lengths for this summary.
이 요약의 길이는 한 장이 가장 바람직하다.

★★

peel
[piːl]

동 껍질을 벗기다, 벗겨지다, 옷을 벗다　　명 껍질

To make marmalade, first peel the orange.
마멀레이드를 만들기 위해 먼저 오렌지 껍질을 벗겨라.

★★★

phrase

[freiz]

[명] 구절, 문구, 어구, 숙어 [동] 말하다, 표현하다

After reading the first **phrase**, I determined the article was not worth reading.

첫 구절을 읽고 나는 그 기사는 읽을 가치가 없다는 것을 깨달았다.

★★★★

political

[pəlítikəl]

[형] 정치의, 정계의, 정당의, 정략의

Don't talk about **political** issues at the first meeting.

첫 번째 만남에서 정치적인 이야기를 하지 마라.

★★★★
politic [명] 정치

★★★

principal

[prínsəpəl]

[명] 교장, 원금 [형] 주요한, 주된

My parents were summoned to the **principal**'s office.

우리 부모님이 교장선생님 방으로 소환되었다.

★
principally [부] 주로

★★

seriously

[síəriəsli]

[부] 심각하게, 진지하게, 크게, 정말

Gas-lighting began to be **seriously** developed at the beginning of the 19th century.

가스로 켜는 불이 19세기 초에 크게 발전하기 시작했다.

★★★★★
serious [형] 심각한, 진지한, 정말, 중대한, 위험한

★★
seriousness [명] 중대함, 진지함, 정색

★★★★

sufficient

[səfíʃənt]

[형] 충분한, 만족스러운

Carbon levels should be **sufficient** for the growth of vegetable life.

식물의 생장을 위해서는 탄소가 충분해야 한다.

| **sufficiently** ★★ | 부 충분하게, 만족스럽게 |
| **sufficiency** ★ | 명 충분한 수, 충족, 능력 |

★★★★★

tie

[tai]

동 매다, 연결하다   명 넥타이, 동점, 관계

It is necessary to tie both ends of the vessel of wounds.
다친 혈관의 양쪽 끝을 묶어야 한다.

★★★★★

additional [ədíʃənəl]

[형] 추가의, 더, 또, 다른, 부가적인

You can get your device upgraded at no **additional** cost.
당신은 추가 요금 없이 당신의 기기를 업그레이드 받을 수 있다.

★★

administration [ædmìnəstréiʃən]

[명] 정부, 행정, 정권, 관리, 경영

The rebels violently attacked the **administration**.
폭도들이 행정부를 폭력적으로 공격했다.

★★ **administrate** [동] 취급하다, 조종하다
★★ **administrative** [형] 행정의, 사무의
★★ **administrator** [명] 행정관, 관리자, 관계자

★★★

ancestor [ǽnsestər]

[명] 조상, 선조, 시조

They had a strange fancy that the animal was their **ancestor**.
그들은 그들의 조상이 동물이라는 이상한 생각을 가지고 있었다.

★★

approach [əpróutʃ]

[명] 접근법, 방법 [동] 접근하다, 다가오다, 육박하다

His **approach** on the topic was silly.
주제에 대한 그의 접근법은 어리석었다.

★★

argument
[ɑ́ːrgjəmənt]

명 논쟁, 말다툼, 논점, 논거

There is an end to the argument on the use of stimulants.
자극제 사용에 대한 논쟁이 결론에 이르렀다.

★★
argumentative

형 논쟁적인, 논쟁을 좋아하는, 말싸움을 좋아하는

★★

beneath
[biníːθ]

전 아래에, 밑에, 지하에, 가치가 없는, ~의 이면에

They were weak and shook beneath his tread.
그들은 너무 약해서 그의 발 아래서 떨었다.

★★★

brief
[briːf]

형 짧은, 잠시, 간단한   명 개요, 보고서

My boss wanted me to make a brief report.
나의 상사는 내가 짧은 보고서를 쓰길 원했다.

★★

compound
[kəmpáund]

명 화합물, 합성물, 혼합물   형 복합의
동 혼합하다, 악화시키다

The bottles are filled with this compound.
병들이 이 화합물로 가득차 있다.

★★★★

concept
[kάnsept]

명 개념, 생각, 구상

There must be something more, an idea or concept.
아이디어나 개념에 대해 무언가 더 있는 것이 분명하다.

★★★

confirm
[kənfə́ːrm]

동 승인하다, 확인하다, 확정하다, 입증하다

I need you confirm this project budget to proceed.
당신이 이 프로젝트의 예산을 승인해주어야 계속 진행할 수 있다.

★★★★★

determine
[ditə́:rmin]

(동) 결정하다, 결심하다, 결의하다, 단호하다, 측정하다

He was determined not to move to Italy.
그는 이탈리아로 이사가지 않기로 결정했다.

★★★★
determined   (형) 단호한, 결연한, 굳게 결심한

★★★
determination   (명) 결심, 결정, 편향

★★★

distinct
[distíŋkt]

(형) 뚜렷한, 독특한, 다른

His perfume has a distinct scent.
그의 향수는 독특한 향이 있다.

★★★
distinctive   (형) 독특한, 특유의, 뛰어난

★★★
distinction   (명) 구별, 차이, 영예, 차별

★★★

donation
[douɓéiʃən]

(명) 기부, 기증, 모금, 헌혈, 성금

Your donation is always welcome.
당신의 기부는 언제나 환영합니다.

★★★
donor   (명) 기증자, 증여자, 제공자

★★

endurance
[indjúərəns]

(명) 지구력, 인내, 내구성

I couldn't finish the race due to lack of endurance.
나는 인내심 부족으로 그 경주를 끝낼 수 없었다.

★★★★
endure   (동) 견디다, 지속하다, 겪다, 이기다, 허락하다

★★

forgiving
[fərgíviŋ]

(형) 관대한, 너그러운

He was far more forgiving than she had ever been.
그는 그녀에게 그 어느 때보다 너그러웠다.

★★★★

identical
[aidéntikəl]

형 동일한, 똑같은, 일란성의, 닮은

They are identical twins.
그들은 일란성 쌍둥이이다.

★★★
identically

부 동일하게, 같게

★★

imagine
[imǽdʒin]

동 상상하다, 생각하다, 짐작하다

They have been imagining that they meet in person someday.
그들은 언젠가 직접 만나게 될 날을 상상해왔다.

★★
imaginary

형 상상의, 가상의, 가식적인

★★
imagination

명 상상, 착각, 창의성

★★
imaginable

형 상상할 수 있는, 가능한

★★
imaginative

형 상상의, 창의적인

★★

innovation
[inəvéiʃən]

명 혁신, 새로운 것

The CEO created incentives for staff who created an innovation.
CEO는 혁신적인 것을 만들어 내는 직원을 위해 인센티브 제도를 만들었다.

★★
innovative

형 혁신적인, 독창적인, 획기적인

★★★★

intellectual
[intəléktʃuəl]

형 지적인   명 지성인, 두뇌 노동자

His intellectual level was beyond imagination.
그의 지적수준은 상상 이상이었다.

★★★★★
intelligence

명 정보, 지능, 첩보, 지적, 지성

★★★
intelligent

형 지적인, 똑똑한, 지능이 있는, 총명한

★★★
intellect

명 지성, 지식인

★★★

liquid
[líkwid]

형 액체의, 유동성의

You can bring liquid products onto the airplane.
당신은 기내에 액상 제품을 들고 갈 수 있다.

★★★★

manufacture
[mǽnjəfǽktʃər]

명 제조, 생산, 산업, 제품　　동 제조하다, 생산하다, 꾸며내다

Washing machine manufacturing technology has been rapidly improved.
세탁기 제조 기술이 빠르게 발전하고 있다.

★★★
manufacturer

명 제조업자, 업체, 생산자

★★

origin
[ɔ́:rədʒin]

명 기원, 원산, 출신, 태생, 유래

He doesn't want to reveal his origin.
그는 그의 태생이 밝혀지길 원치 않는다.

★★
originality

명 독창성, 진품

★★

penalty
[pénəlti]

명 처벌, 벌금, 페널티, 불이익

I have to pay a penalty for jaywalking.
나는 무단횡단 때문에 벌금을 내야 한다.

★★★

pleasant
[pléznt]

형 즐거운, 좋은, 유쾌한, 쾌적한, 상냥한

I'm not in a pleasant mood because I broke my mother's favorite vase.
나는 엄마가 제일 좋아하는 화병을 깨서 기분이 좋지 않다.

★★★★

predict
[pridíkt]

동 예측하다, 전망하다, 예상하다, 예보하다

He didn't predict he would fail the exam.
그는 시험에 떨어질 것을 예상하지 못했다.

★★★★
prediction

명 예측, 예언, 예상, 예보, 예견

★★
predictable

형 예언할 수 있는, 새로운 게 없는, 당연한

★★★★

preserve
[prizə́ːrv]

동 보존하다, 보호하다, 유지하다

To preserve these roses, the London perfumers immediately pickle them.
장미꽃을 보존하기 위해서 런던의 향수 제작자들은 장미를 염장했다.

★★★
preservation

명 보존, 보호, 보전

★★★

prominent
[prάmənənt]

형 유명한, 두드러진, 탁월한, 실력 있는

DAY **27**

Light has played prominent roles in the computing industry.
조명은 컴퓨터 사회에서 주요한 역할을 하고 있다.

★★

silence
[sáiləns]

명 침묵, 고요, 묵념   동 침묵시키다, 조용하게 만들다

His silence made the atmosphere awkward.
그의 침묵이 분위기를 어색하게 만들었다.

★★
silent

형 침묵의, 조용한, 고요한, 무성의

★★★★

unusual
[ʌnjúːʒuəl]

형 특이한, 드문, 독특한, 특별한

It is not an unusual thing for me to take care of my sister.
내가 여동생을 돌보는 것은 특별한 일이 아니다.

★★

admit
[ædmít]

동 인정하다, 허가하다, 승인하다, 입원시키다

We cannot **admit** that the classified information is ours.
우리는 그 기밀 정보가 우리의 것이라는 것을 인정할 수 없다.

★★
admitted
형 공인된

★★
admission
명 입학, 입장, 인정, 입원, 입국

★★★

apparent
[əpǽrənt]

형 명백한, 분명한, 확실히, 보이는

It was **apparent** that he beat the game.
그가 경기에 이긴 것이 분명했다.

★★★
apparently
부 분명히, 명백히, 확실히

★★

arise
[əráiz]

동 발생하다, 일어나다, 비롯되다, 나타나다

No great demand **arose** for the new invention until now.
지금까지도 새 발명품에 대한 요구는 많지 않다.

[arise – arose - arisen]

★★

arrange
[əréindʒ]

동 정리하다, 배치하다, 계획하다, 준비하다

We will now **arrange** the products according to their uses.
우리는 용도에 따라서 제품을 정리할 예정이다.

★★★
arrangement
명 준비, 배열, 계획, 계약, 합의

★★★★★

attempt
[ətémpt]

동 시도하다, 노리다 명 시도, 노력, 미수

They **attempted** several times but didn't achieve their goal.
그들은 여러번 시도했으나 그들의 목표를 이루지 못했다.

★★
attempted

형 미수의, 시도한, 기도한

★★

bias
[báiəs]

명 편견, 치우침, 성향 동 편견·선입견을 갖게 하다

The most dangerous thing in making a judgment is having a **bias**.
판단을 내릴 때 가장 위험한 것은 편견을 갖는 것이다.

★★★

client
[kláiənt]

명 고객, 의뢰인, 거래처, 민원인

As soon as I get to the office, I have to make a call to my **client**.
나는 사무실에 도착하자 마자 고객에게 전화를 해야 한다.

DAY **28**

★★

contract
[kɑ́ntrækt]

명 계약, 살인 청부 동 수축하다, 병에 걸리다

It might be interpreted as breaking the **contract**.
그것은 계약을 파기하는 것으로 해석될 수 있다.

★★★

convenience
[kənvíːnjəns]

명 편리, 편의

I separated the two rooms for **convenience**.
나는 편의상 두 방을 분리했다.

★★★★
convenient

형 편리한, 간편한, 손쉬운, 알맞은

★★★
↔ **inconvenience**

명 불편, 폐

★★★★

□ **detect**

[ditékt]

[명] 발견하다, 탐지하다, 간파하다

Sharks can **detect** prey from a distance at night.

상어는 밤에 멀리서도 먹이를 발견할 수 있다.

★★★
detective [명] 형사, 탐정, 수사관

★★★
detection [명] 탐지, 발견, 간파

★★★★★

□ **discover**

[diskʌ́vər]

[동] 발견하다, 알다, 밝히다, 찾다

It is not difficult to **discover** that he left already.

그가 이미 떠난 것을 알게 되는 것이 어려운 일이 아니다.

★★★★
discovery [명] 발견, 디스커버리호, 발각

★★★

□ **dominant**

[dάmənənt]

[형] 지배적인, 우세한, 주요한

Catholic is the **dominant** religion in Philippines.

천주교는 필리핀의 주요 종교이다.

★★★★
dominate [동] ~을 지배하다, 장악하다, 주도하다, 압도하다

★★
domination [명] 우세, 지배, 지배하기

★★★

□ **empire**

[émpaiər]

[명] 제국, 왕국

Gold effectively became the financial standard of the Persian **Empire**.

금은 페르시아 왕국의 효과적인 재정 기준이 되었다.

★★

□ **entrance**

[éntrəns]

[명] 입구, 들어가기, 입학, 현관

He was welcoming the guests at the **entrance**.

그는 입구에서 손님들을 맞이하고 있었다.

| ★★★★
enter | 통 들어가다, 입장하다, 참가하다, 입력하다, 훈련시키다 |
| ★★
entry | 명 진출, 들어감, 가입, 제출, 참가 |

★★

fridge
[fridʒ]

명 냉장고

My fridge was out of order, so all my food went bad.
냉장고가 고장나서 음식이 모두 상했다.

★★★★

frustrated
[frʌstreitid]

형 낙담한, 좌절된, 욕구 불만의

I was so frustrated when I found out I failed the test.
나는 시험에 낙제했다는 것을 알고 매우 좌절했다.

| ★★★
frustrate | 통 좌절시키다, 실망시키다 |
| ★★★★
frustration | 명 좌절, 불만, 분노, 혼란 |

★★★★

impressive
[imprésiv]

형 인상적인, 놀라운, 눈부신, 감동적인

His painting was not that impressive.
그의 그림은 그다지 인상적이지 않았다.

★★★★ **impression**	명 인상, 생각, 흉내
★★★★ **impress**	통 감동시키다, 감명을 주다
★★★ **impressively**	부 매우 인상적으로, 놀랄 정도로

★★

instantly
[ínstəntli]

부 즉시, ~하자마자, 곧바로, 순식간에

I dropped the glass instantly upon, hearing the phone ring.
나는 전화기가 울리자마자 유리컵을 떨어뜨렸다.

| ★★★
instant | 형 인스턴트의, 즉석의　　명 즉각, 순간 |

★★★

motivate
[móutəvèit]

⑧ ~에게 동기를 주다, 자극하다

I tried to **motivate** him but I failed.
그에게 동기부여를 해주고 싶었지만 실패했다.

★★★
motivated

⑧ 의욕이 있는, 유발된, 적극적인 자세가 있는

★★★
motivation

⑨ 동기 부여, 욕구, 자극

★★★★

muscle
[mʌ́səl]

⑨ 근육

After several hours of workout, my **muscles** are sore.
몇 시간 운동을 했더니 근육이 다 아프다.

★★

outdoor
[áutdɔ̀ːr]

⑧ 야외의, 옥외의, 실외의, 원외의

During the weekend, my parents are trying to do more
outdoor activities.
주말이면 우리 부모님은 야외 활동을 많이 하려 노력한다.

★★★★

oxygen
[ɑ́ksidʒən]

⑨ 산소

Our bodies require **oxygen** for metabolism.
우리의 신체는 신진대사를 위해 산소를 필요로 한다.

★★

pause
[pɔːz]

⑨ 멈춤, 휴식, 중단

He kept explaining the solution without **pause**.
그는 해결책에 대해서 쉬지 않고 설명했다.

★★

permanent
[pə́ːrmənənt]

형 영구적인, 정규직의, 상설의, 영원한

Treat the stain right now, or it will become **permanent**.
얼룩을 당장 지우지 않으면 계속 남게 될 것이다.

★★★

poisonous
[pɔ́izənəs]

형 독성의, 독소의, 유해한

Certain oils may be very **poisonous** when taken internally.
어떤 기름은 섭취했을 경우 매우 유해할 수 있다.

★★★★

previous
[príːviəs]

형 이전의, 앞선, 먼저의, 예비의

His current girlfriend is kinder than his **previous** ones.
그의 지금 여자친구는 이전 여자친구들 보다 더 친절하다.

★★★

proportion
[prəpɔ́ːrʃən]

명 비율, 비례, 부분, 균형

Weight loss is in **proportion** to the amount of eating and execising.
체중 감량은 먹는 양과 운동량에 비례한다.

DAY 28

★★

square
[skweər]

명 광장, 평방, 사각형, 제곱

The house I recently bought has little **square** windows.
내가 최근에 산 집에는 작은 사각형 창문이 있다.

★★★★

vast
[væst]

형 광대한, 방대한, 거대한, 막대한

There are the **vast** buildings on either side.
양쪽에 거대한 빌딩이 있다.

★★

☐ **affair**
[əféər]

몡 문제, 일, 사건, 정사, 행사

I think this **affair** will tax your friendship.
내 생각에는 이 일이 네 우정에 부담이 될 것이라고 생각한다.

★★★

☐ **article**
[ɑ́ːrtikl]

몡 기사, 조항, 논문, 규약, 물건

He published the most valuable and useful **article** about the fuel.
그는 연료에 대한 가장 가치있고 유용한 논문을 발표했다.

★★

☐ **asleep**
[əslíːp]

혱 잠이 든, 자고 있는

He often fell **asleep** while giving his lessons.
그는 가르치는 도중에 종종 잠에 빠진다.

★★

☐ **attribute**
[ətríbjuːt]

동 원인으로 여기다, ~로 여기다, 탓으로 돌리다

El Nino is **attributed** to climate change.
엘리뇨는 기후 변화 때문에 생긴다.

★★★
attributable   혱 기인하는, 원인을 돌릴 수 있는

★★★
attribution   몡 속성, 돌리기, 권한

★★★

combine
[kəmbáin]

동 결합시키다, 통합하다, 연합시키다, 합계하다

They **combine** closely with the modified term.
그들은 수정된 조건을 잘 연결시켰다.

★★★
combination

명 조합, 결합, 연합, 배합

★★★

conversely
[kənvə́ːrsli]

부 거꾸로, 역으로, 반대로

Conversely, not all his friends are nice.
반대로 그의 모든 친구들이 다 친절하지는 않다.

★★

convince
[kənvíns]

동 설득하다, 확신시키다, 납득시키다

He had trouble trying to **convince** me.
그는 나를 설득하는 데 어려움을 겪었다.

★★★★★

depend
[dipénd]

동 의존하다, 의지하다, 좌우되다

DAY **29**

You may **depend** on me.
나를 의지해도 좋다.

★★★★
dependent

형 의존하는, 의지하는, 종속의   명 부양 가족

★★★★
dependence

명 의존, 종속

★★★★★

distinguish
[distíŋgwiʃ]

동 구별하다, 분간하다, 특징짓다

It is possible for me to **distinguish** between his twin
brothers.
나는 그의 쌍둥이 형제를 구별할 수 있다.

★★★ **distinguished**	⟨형⟩ 저명한, 뛰어난, 차별화된, 품위 있는, 뚜렷한
★★★ **distinguishing**	⟨형⟩ 구별의 기준이 되는, 특징이 있는, 특징적인
★★★ **distinguishable**	⟨형⟩ 구별할 수 있는, 분간할 수 있는

★★★

doubt
[daut]

⟨명⟩ 의혹, 소문   ⟨동⟩ 의심하다

There was no room at all for **doubt**.
의심할 여지가 없다.

★★★★

educational
[èdʒukéiʃənəl]

⟨형⟩ 교육의

He entered this **educational** system as well.
그는 이 교육제도에 들어왔다.

★★★

endangered
[endéindʒərd]

⟨형⟩ 멸종 위기의, 위험한

A lot of animals are **endangered** and risk extinction.
많은 동물이 위험에 처해 멸종 위기에 놓여있다.

★★

erosion
[iróuʒən]

⟨명⟩ 침식, 부식, 침범

It may appear as **erosion**.
그것은 침식처럼 보일 수 있다.

★★ **erode**	⟨동⟩ 침식하다, 부식하다, 부식되다

★★★★★

function
[fʌ́ŋkʃən]

⟨명⟩ 기능, 역할, 작동, 작용, 행사

You have to understand its **function** to operate the machine.
당신이 이 기계를 작동하기 위해서는 기계의 기능을 이해해야 한다.

★★

greedily
[grí:dili]

부 욕심 내어, 갈망하여, 게걸스럽게

He ate greedily at the Christmas dinner.
그는 성탄 저녁식사에서 게걸스럽게 먹었다.

★★

intensity
[inténsəti]

명 강도, 강렬함, 중요성, 집중

The intensity of color varies with the quantity of coloring.
색의 강도는 염료의 양에 따라 달라진다.

★★
intensify

동 격렬하게 하다, 정도를 더하다, 격렬해지다

★★

interact
[íntərækt]

동 상호 작용하다, 대화하다

They interact with each other.
그들은 서로 영향을 끼쳤다.

★★★★
interaction

명 상호 작용, 관련, 상호 영향

★★★
interactive

형 대화식의, 쌍방향의, 상호적인

DAY 29

★★★★

investment
[invéstmənt]

명 투자, 출자

Adding to the investment is a much greater one in central-station equipment.
중앙역 설비에 투자를 추가하는 것이 더욱 중요하다.

★★★★

occur
[əkə́:r]

동 발생하다, 일어나다, 생기다

It didn't occur to me but I feel a lot of sympathy over the incident.
나에게 일어난 일은 아니지만, 그 사건에 대해 동병상련을 느낀다.

★★★
occurrence

명 사건, 발생, 일어난 일

★★★

oppose
[əpóuz]

(동) 반대하다, 저지하다, 저항하다, 이의를 제기하다

He urged me strongly not to oppose his dream.
그는 그의 꿈에 대해 반대하지 말라고 나에게 강하게 요구했다.

★★★★★
opposite

(형) 정반대의, 상대·상반되는, 맞은편의, 서로 마주하는

★★★★★
opposition

(명) 야당, 반대

★★★
opposed

(형) 대항하는, 반대의, 적대적인

★★★
opposing

(형) 적대하는, 정반대의, 양립하지 않는

★★

overlook
[òuvərlúk]

(동) 간과하다, 눈감아주다, 내려다보다, 못보다

They seem always to overlook the fact.
그들은 항상 진실을 간과하는 듯 보인다.

★★★★

pattern
[pǽtərn]

(명) 패턴, 무늬, 형태, 모양, 방식
(동) 본떠서 만들다, 무늬를 넣다

According to a certain pattern, it intends to honor him with a great demonstration.
특정한 방식에 따라, 그에게 큰 경의의 표시를 한다.

★★

pedestrian
[pədéstriən]

(명) 보행자, 산책을 좋아하는 사람
(형) 보행의, 도보의, 평범한

Nothing would serve but pedestrian exercise.
아무것도 제공되진 않지만 보행자들이 운동을 한다.

★★

phase
[feiz]

(명) 단계, 국면, 상태   (동) 조정하다

He revealed a new phase of poetic sentiment.
그는 시의 세계의 새로운 단계를 열었다.

★★★

pollution
[pəlúːʃən]

명 오염, 공해

Pollution was often found in the town water supply.
도시의 상수도 공급원에서 종종 오염이 발견된다.

★★★
polluted

형 오염된, 타락한, 흥분되어 있는

★★
pollute

동 오염시키다, 분위기를 흐리다

★★★★

property
[prɑ́pərti]

명 부동산, 재산, 소유, 토지, 땅

The owner of the **property** was thrown a distance of twenty feet by the explosion.
그 토지의 주인은 폭발로 인해 20피트 거리에 내동댕이쳐졌다.

★★★

reach
[riːtʃ]

동 도달하다, 이르다, 도착하다

We have **reached** the famous Illinois and Indiana corn field.
우리는 일리노이와 인디애나의 유명한 옥수수 농장에 도착했다.

★
reachable

형 닿을 수 있는, 도달 가능한, 미칠 수 있는

★★

striking
[stráikiŋ]

형 파업 중인, 공격의, 두드러진, 놀랄만한

They left a **striking** mark on his music.
그들은 그의 음악에 대해 놀랄만한 반응을 보였다.

★★★★

vulnerable
[vʌ́lnərəbəl]

형 취약한, 영향받기 쉬운, 노출되어 있는, 위기에 처한

The frail craft might be reckoned the most **vulnerable** point.
약한 공예품은 취약점이라고 여겨질 수도 있다.

Part 1 · **DAY 30**

★★

alter
[ɔ́ːltər]

⑧ 바꾸다, 변경하다, 쇠약해지다

He did not alter his plan at all.
그는 그의 계획을 전혀 바꾸지 않았다.

★★

assist
[əsíst]

⑧ 돕다, 지원하다, 보조 · 조력하다

He was studying over plans to assist them out.
그는 그들을 돕기 위한 계획을 고안 중이었다.

★★★
assistance

⑨ 지원, 도움, 원조, 보조, 조력

★★

awareness
[əwéərnis]

⑨ 인식, 지각, 의식, 인지도, 경각심

We need to raise the awareness of public safety.
우리는 대중의 안전에 대한 인식을 키울 필요가 있다.

★★★

beat
[biːt]

⑧ 때리다, 이기다, 물리치다, 뛰다   ⑨ 때리기, 구타

I saw him beat his dog.
나는 그가 개를 때리는 것을 보았다.

★★

compensation
[kὰmpənséiʃən]

⑨ 보상, 보상금, 배상, 보수, 급여

A lot of money was spent on their compensation.
많은 돈이 그들의 보상금으로 지급되었다.

consistent
★★★

[kənsístənt]

형 일관된, 지속적인, 일치하는, 일리가 있는

They should be consistent with the environment of the child.

그들은 아이들의 환경에 대해 일관적이어야 한다.

consistently ★★
부 시종일관하여, 견실히

consistency ★★
명 일관성, 농도, 밀도

count
★★

[kaunt]

동 세다, 중요하다, 포함시키다, 계산하다   명 계산, 셈

We may almost count the locks of hair.

우리는 한 타래의 머리를 거의 셀 수 있다.

countless ★★
형 많은, 셀 수 없는, 다양한

currently
★★★

[kə́:rəntli]

부 현재의, 최근의

He is currently known as master of cooking.

그는 현재 요리의 대가로 알려져 있다.

DAY 30

detail
★★★★★

[dí:teil]

명 구체적 내용   동 자세히 말하다

It was thought unnecessary to give them more detail.

그들에게 더 구체적인 정보를 주는 것은 불필요하다고 생각되었다.

detailed ★★★
형 상세한, 세목에 걸친, 파견된

emotion
★★★

[imóuʃən]

명 감정, 기분, 정서, 감동, 감성

Fear is one of the oldest and surely the strongest emotion.

공포는 가장 오래되고 강력한 감정 중 하나이다.

★★★★★
emotional 혱 감정적인, 감정의, 감정에 호소하는

★★★★
emotionally 悍 감정적으로, 정서적으로, 정신적으로

★★★★★
equal
[íːkwəl]

혱 평등한, 동등한, 같은, 동일한, 공평한

He devoured two dishes with equal appetite.
그는 두 접시를 똑같이 맛있게 먹었다.

★★
error
[érər]

명 실수, 오류, 잘못, 오차

We estimate the error of these formulas.
우리는 이 공식의 오류를 계산한다.

★★★
escape
[iskéip]

동 탈출하다, 벗어나다, 피하다   명 피난, 도망

He allowed no sign of surprise to escape him.
그는 탈출하기 위해 조금의 놀람도 드러내서는 안 된다.

★★★★
gravity
[grǽvəti]

명 중력, 중대성, 엄숙함

She retained an imperturbable gravity.
그녀는 쉽게 동요하지 않은 엄숙함을 유지했다.

★★
harsh
[hɑːrʃ]

혱 가혹한, 거친, 냉엄한, 강경한, 거슬리는

I think that my opinion of her was too harsh.
내 생각에 그녀에 대한 내 의견이 너무 가혹한 것 같다.

★★

invisible
[invízəbəl]

형 눈에 보이지 않는, 투명한, 감출 수 있는

They would be almost invisible.
그들은 거의 보이지 않았다.

★★★★

irritated
[íritèitid]

형 화난, 안달이 난, 염증을 일으키고 있는

It is true that the members were irritated and threatened.
그들이 화가 나고 공포에 질렸다는 것은 사실이다.

★★

junk
[dʒʌŋk]

형 가치 없는   명 쓰레기, 중고품, 골동품

You'd better not have junk food too frequently.
너는 정크 푸드를 너무 자주 먹지 말아야 할 것이다.

★★★

optimistic
[ɑ̀ptəmístik]

형 낙관적인, 긍정적인

His wife was optimistic in her conviction.
그의 부인은 그녀의 선고에 낙관적이었다.

DAY 30

★★

permit
[pəːrmít]

동 허용하다, 허가하다   명 허가증

It was sufficient to permit the firemen to enter the house.
소방관들이 그 집에 들어갈 수 있을 정도로 여유가 있었다.

★★
permission

명 허가, 허락, 허용, 승인, 동의

★★★★

popularity
[pɑ̀pjələǽrəti]

명 인기, 인지도

His music is steadily increasing in popularity.
그의 음악은 꾸준히 인기를 얻고 있다.

★★★
population 명 인구, 사람들, 개체군, 주민, 모집단

★★
precise
[prisáis]

형 정확한, 정밀한

To make a decision, I need **precise** information about the possible solutions.
결정을 내리기 위해 나는 가능한 해결책에 대한 정확한 정보가 필요하다.

★★
precisely 부 정확히, 정밀하게, 명확하게

★★
precision 명 정밀, 정확, 꼼꼼함

★★★★
producing
[prədjúːsiŋ]

형 생산하는, 산출하는

Quebec is the world's principal maple syrup **producing** region.
퀘백은 세계 주요 메이플 시럽 생산지이다.

★★★★
productive 형 생산적인, 건설적인, 비옥한

★★★
productivity 명 생산성, 생산력

★★★
project
[prədʒékt]

명 프로젝트, 사업, 계획   동 계획하다

His **project** was praised as visionary.
그의 프로젝트는 이상적이라고 칭송받았다.

★★★
realizie
[ríːəlàiz]

동 깨닫다, 실현하다, 인식하다, 달성하다

He will **realize** the great influence of artificial light upon civilization.
그는 인공 조명의 문명에 대한 지대한 영향을 깨닫게 될 것이다.

****

regard
[rigάːrd]

동 관련되다, 간주하다, 여기다　　명 존경, 관심

Do you regard her as a sister?
너는 그녀를 너의 여동생으로 인정하는가?

***
regarding

전 ~에 대해, ~와 관련하여, ~에 관하여

***
regardless

형 상관없이, 불구하고, 개의치 않고

**

reluctant
[rilΛktənt]

형 꺼리는, 주저하는, 내키지 않는

Old man was reluctant to open his door to the visitors.
노인은 방문객들에게 문 열어 주기를 주저했다.

****

responsible
[rispάnsəbəl]

형 책임이 있는, 담당의, 원인이 되는, 주범의

It is responsible for the hissing noise.
쉿쉿 하는 소리에 대해서는 책임을 져야한다.

**

sum
[sΛm]

명 돈, 합계　　동 합계하다, 요약하다

The total sum paid to the Church of Rome is set forth in article 3.
로마 교회에 지급되는 총 금액은 3장에 나와 있다.

DAY 30

**
summarize

동 요약하다, 간략하게 말하다, 간추려 말하다

****

yield
[jiːld]

동 굴복하다, 산출하다, 지급하다
명 산출물, 수확물, 수익

I will never yield.
나는 절대 굴복하지 않을 것이다.

Part 2

Day 1......Day 10

접두사

수능 영단어 50일 총정리

반대 의미를 나타내는 접두사 dis-

★★
☐ **disability**
[dìsəbíləti]

명 (신체적 · 정신적) 장애

She blames herself for her son's intellectual **disability**.
그녀는 그녀의 아들이 지적 장애가 있는 것에 대해 자책한다.

★★★★★
↔ **ability**

명 능력, 재능, 역량, 수완, 솜씨

★★★★
disable

동 무능하게 하다, 쓸모 없게 하다, 불구로 만들다

★★★★★
☐ **disadvantage**
[dìsədvǽntidʒ]

명 불리한 점, 약점, 단점

They have tried hard to overcome **disadvantages** of their ages.
그들은 나이의 단점을 극복하기 위해 열심히 노력한다.

★★★★★
↔ **advantage**

명 이점, 유리, 이익, 우위, 혜택

★★
disadvantaged

형 혜택 받지 못한, 가난한

★★★
☐ **disagree**
[dìsəgríː]

동 반대하다, 동의하지 않다

After his promotion, he often **disagrees** with his boss' ideas.
그는 승진 후에 그의 상사의 의견에 자주 동의하지 않는다.

★★★★★
↔ **agree**

동 동의하다, 합의하다, 일치하다, 승낙하다

★★★★
disagreement

명 이견, 불화, 불일치, 논쟁

★★★
disagreeable

형 동의하기 힘든, 불쾌한, 마음에 들지 않는

★★★★★

disappear
[dìsəpíər]

동 사라지다, 보이지 않게 되다

All of sudden, the flash light disappeared.
갑자기 불빛이 사라졌다.

★★★★
↔ appear

동 나타나다, 출연하다, ~인 듯하다

★★★
disappearance

명 사라짐, 실종, 소멸

★★

disapproval
[dìsəprúːvəl]

명 반감, 못마땅함

The minor group has suffered from social disapproval.
소수 집단은 사회적 반감에 고통 받고 있다.

★★★★
↔ approval

명 승인, 동의, 허가, 찬성

★★★★
disapprove

동 반대하다, 못마땅해하다

★★★★
disapproving

형 못마땅한, 불찬성의

★

disassemble
[dìsəsémbəl]

동 분해하다

The workers are disassembling the machine.
일꾼들이 기계를 분해하고 있다.

DAY 01

★★★★
↔ assemble

동 조립하다

★★

disbelief
[dìsbilíːf]

명 믿기지 않음, 불신

As soon as he heard the news, he laughed in disbelief.
그 소식을 듣자마자, 그는 믿기지 않는다는 듯이 웃었다.

★★★★
↔ belief

명 믿음, 신뢰

★★

discharge
[distʃάːrdʒ]

동 떠나는 것을 허락하다, 해고하다, 석방하다

The marine has been honorably discharged.
그 해군은 명예롭게 제대했다.

★★★★★
↔ charge

동 기소하다, 고소하다, 임무·책임을 맡기다

★★

discomfort
[diskʌ́mfərt]

명 불편, 가벼운 통증

I have no idea of the cause of discomfort.
통증의 원인이 무엇인지 알 수가 없다.

★★★★★
comfort

명 위로, 편안함, 위안, 안락

★★
uncomfortable

형 불편한, 불쾌감을 주는, 민감한

★★★★★
↔ comfortable

형 편안한, 편한, 안락한, 안정된, 마음 편한

★

disconnect
[dìskənékt]

동 연결·접속을 끊다

The city disconnected the electrical supply to the town.
시는 그 마을의 전기 공급을 중단했다.

★★★★★
↔ connect

동 연결하다, 이어지다, 관련시키다, 접속하다, 연락되다

★★★★★
connection

명 연결, 관련, 관계, 접속, 연줄

★★★
connected

형 일관성 있는, 관련된, 결합된

★★★★

discourage
[diskə́ːridʒ]

동 의욕·열의를 꺾다, 좌절시키다

He attempts to discourage his son to become a singer.
그는 그의 아들이 가수가 되고자 하는 의욕을 꺾으려 노력한다.

★★★★★
↔ **encourage**　　　　　　　图 격려하다, 장려하다, 조장하다, 촉진하다

★★★★
discouraging　　　　　　图 낙담시키는, 실망스러운

★★★
discouragement　　　　　图 낙담, 단념, 의기소침

★
disengagement
[disengéidʒmənt]

图 파혼, 해약, 해방 상태

Lying about his academic background caused his
disengagement.
그의 학력을 속인 것이 파혼의 원인이 되었다.

★★★
↔ **engagement**　　　　　　图 약혼, 약속, 업무

★
disharmony
[dishάːrməni]

图 부조화, 불화

This is because of a growing **disharmony** with their
teammates.
이것은 팀간의 부조화 때문이다.

★★★★★
↔ **harmony**　　　　　　　图 조화, 화음

★
dishonest
[disάnist]

图 정직하지 못한

Employers don't trust **dishonest** employees.
고용주는 정직하지 못한 직원을 믿지 못한다.

★★★★★
↔ **honest**　　　　　　　　图 정직한, 솔직한, 성실한, 정당한

★★★★★
dishonesty　　　　　　　图 부정직, 불성실, 부정

★★
dishonestly　　　　　　　图 부정직하게, 속여서

★

disinfection
[disinfékʃən]

[명] 소독, 살균

Disinfection of contaminated material is mandatory.
오염된 물질을 살균하는 것은 필수적이다.

★★★
↔ **infection** — [명] 감염, 전염, 오염

★★
disinfect — [동] 소독하다, 도청 장치를 제거하다

★
disinfectant — [형] 살균성의, 소독성이 있는

★★

disobedient
[dìsəbíːdiənt]

[형] 반항하는, 거역하는

Teenagers tend to be **disobedient** to their parents.
십대들은 부모에게 반항하는 경향이 있다.

★★★★★
↔ **obedient** — [형] 순종하는, 공손한, 얌전한

★★★
disobedience — [명] 불복종, 반항, 위반

★★★★
disobey — [동] 복종하지 않다, 위반하다, 거역하다

★
disobediently — [부] 반항하여, 거역하여

★

disqualify
[diskwάləfài]

[동] 자격을 박탈하다, 실격시키다

Due to his illegal transcription, he was **disqualified** from his medical license.
그의 불법 처방전 때문에 그는 의사면허를 박탈당했다.

★★★★
↔ **qualify** — [동] 자격을 갖추다, 예선을 통과하다

★★
unqualified — [형] 자격이 없는, 적임이 아닌

★
disqualification — [명] 자격 박탈, 부적임, 실격

★

disregard
[dìsrigάːrd]

동 무시 · 묵살하다

The government completely disregarded the committee's warning.
정부는 위원회의 경고를 완전히 무시했다.

★★★★★
↔ regard

동 여기다. 평가하다

★

disrespect
[dìsrispékt]

명 무례, 결례

They show disrespect to their parents.
그들은 그들의 부모에게 무례했다.

★★★★★
↔ respect

명 존중, 경의　　동 존경하다, 관련되다

★★
disrespectful

형 경의를 표하지 않는, 실례되는, 예절이 없는

★
disrespectfully

부 실례되게, 무례하게

★★

dissatisfaction
[dìssӕtisfӕkʃən]

명 불만

She poorly expressed her dissatisfaction with his response.
그녀는 그의 응답에 노골적으로 불만을 표시했다.

★★★★★
↔ satisfaction

명 만족, 충족

★★★★★
unsatisfactory

형 불만족스러운, 불충분한

★★
unsatisfied

형 만족되지 않은, 만족하고 있지 않은

반대 의미를
나타내는 접두사   un-

★★★★★

unusual
[ʌnjúːʒuəl]

⟨형⟩ 특이한, 드문, 이상한, 특별한

The speech was unusual for a politician.
그 연설은 정치가로서는 드문 경우였다.

★★★★
↔ usual

⟨형⟩ 평소의, 보통의, 늘, 일반적인

★★★★★

unpleasant
[ʌnplézənt]

⟨형⟩ 불쾌한, 싫은, 무례한, 재미없는

Unpleasant memories can come back to you
unexpectedly.
불쾌한 기억은 당신에게 예상치 못하게 떠오를 수 있다.

★★★★★
↔ pleasant

⟨형⟩ 즐거운, 좋은, 유쾌한, 쾌적한, 상냥한

★★★
unpleasantly

⟨부⟩ 불쾌하게, 못마땅해서, 무뚝뚝하게

★★★★★

unnecessary
[ʌnnésəsèri]

⟨형⟩ 불필요한, 쓸데없는

This looks like an unnecessary addition to the shuttle.
이것은 셔틀에 불필요한 것처럼 보인다.

★★
↔ necessary

⟨형⟩ 필요한, 필수적인, 불가피한

★★★
necessarily

⟨부⟩ 필연적으로, 어쩔 수 없이

★★★
unnecessarily

⟨부⟩ 쓸데없이, 불필요하게

unpredictable
[ʌnpridíktəbl]

형 예측할 수 없는 　　명 예언할 수 없는 일

The weather in summer is unpredictable, so you should always carry an umbrella.
여름의 날씨는 예상할 수 없으니 꼭 우산을 가지고 다녀야 한다.

★ ★ ★ ★ ★
↔ predictable
★ ★ ★
unpredictability

형 예언할 수 있는, 새로운 게 없는, 당연한

부 예측불가능

★ ★ ★ ★

unlock
[ʌnlάk]

동 열다, 밝히다

Once you unlock this achievement, you can challenge bosses at the next level.
이것을 성취해내면, 당신은 다음 단계에서 상사에게 대항할 수 있다.

★ ★ ★ ★

unnoticed
[ʌnnóutisd]

형 남의 눈에 띄지 않은, 주목되지 않은

His absence from work went unnoticed for a week.
그는 통보 없이 일주일 동안 결근했다.

★ ★ ★ ★ ★
notice
★ ★ ★ ★
↔ noticeable
★ ★ ★
noticeably

동 알아차리다, 주목하다 　　명 경고, 게시

형 눈에 띄는, 주목할 만한, 두드러진, 미세한

부 두드러지게, 현저하게, 주목할 만하게

DAY 02

★ ★ ★ ★

unpaid
[ʌnpéid]

형 미납의, 무보수의, 미불의

I had no more vacation time, so I'm on unpaid leave.
나는 남은 휴가가 없어서 무보수 휴가 중이다.

★ ★ ★ ★ ★
↔ pay
★
repay
★
repayment

동 지불하다, 갚다, 지급하다, 보상하다

동 갚다, 상환하다, 보답하다

명 반제, 보상, 보은

★★★

☐ **unload**

[ʌnlóud]

동 내리다, 팔아 치우다, 빼내다

Forgetting to unload the washing machine will result in mildewed clothing.

세탁기에서 세탁물을 꺼내지 않으면 옷에 곰팡이가 쓸 것이다.

★★★★★
↪ **load**

동 장전하다, 싣다   명 짐, 부담량

★★★

☐ **unsuccessful**

[ʌnsəksésfəl]

형 실패한, 성과가 나쁜

The bid to host the Olympics was unsuccessful.

올림픽 주최 유치는 성공하지 못했다.

★★★★★
↪ **successful**
★★★★★
successfully

형 성공한, 잘된, 합격한

부 성공적으로, 정확하게, 훌륭하게

★★

☐ **unwilling**

[ʌnwíliŋ]

형 꺼리는, ~하고 싶어하지 않는, 마지못한

The body was able, but the spirit was unwilling.

몸은 할 수 있었지만 마음이 내키지 않았다.

★★
unwillingness
★
unwillingly
★★★★★
↪ **willingly**

명 마음이 내키지 않음, 본의가 아님

부 마지못해

부 기꺼이, 자진해서, 고의적으로

★★

☐ **unreasonable**

[ʌnríːzənəbəl]

형 불합리한, 무리한

James doesn't think it's unreasonable to ask for an apology.

James는 사과를 요구하는 것이 불합리하다고 생각하지 않는다.

★★★★★
↪ **reasonable**
★★★★★
reasonably
★★
unreasonably

형 합리적인, 합당한, 이성적인, 분별이 있는, 논리적인

부 합리적으로, 알맞게, 무리 없이

부 이치에 어긋나게, 부당하게, 터무니없이

★★

unrelated
[ʌnriléitid]

형 관련이 없는, 혈연이 아닌

The DNA testing showed the two species were genetically unrelated.
DNA 테스트가 두 종이 유전적으로 관련이 없다는 것을 보여주었다.

★★★★★
↔ related

형 관련된, 관계된, 연관된

★★★★★
relate

동 관련시키다, 관계시키다, 연관되다, 연결되다

★★

unrealistic
[ʌnriːəlístik]

형 비현실적인, 비현실주의의

Digital manipulation has created unrealistic beauty standards.
디지털 수정이 비현실적인 미의 기준을 만들었다.

★★★★
↔ realistic

형 현실적인, 실질적인

★★★★★
idealistic

형 이상주의적인, 관념론적인

★★

unreliable
[ʌnriláiəbəl]

형 의지할 수 없는

The network is unreliable and many e-mails are not getting through.
접속이 원활하지 못해서 많은 이메일이 수신되지 않는다.

DAY 02

★★★★
↔ reliable

형 신뢰할 만한, 믿을 만한, 믿음직한, 신빙성 있는

★★★
reliability

명 신뢰성, 신뢰도, 신뢰할 수 있음

★★

unveil
[ʌnveil]

동 ~의 베일을 벗기다, 밝히다

The plan to unveil the plaque has met with delays.
그 명판을 공개할 계획이 연기되었다.

★
unveiling

명 첫 공개, 제막

unwanted
[ʌnwɑ́ntid]

(형) 요구되지 않은, 불필요한, 바람직하지 않은

We accept donations of unwanted clothing and appliances in good condition.
우리는 좋은 상태의 불필요한 옷과 기기의 기부를 받는다.

★★★
↔ wanted

(형) 수배된

★★

unmotivated
[ʌnmóutivèitid]

(형) 동기가 없는, 이유가 없는

Mark was unmotivated and had difficulty completing the assignment.
Mark는 동기부여가 되지 않아 과제를 끝내는 데 어려움을 겪었다.

★★★★
↔ motivated

(형) ~할 의욕이 있는, 적극적인 자세가 있는

★

unmanageable
[ʌnmǽnidʒəbəl]

(형) 다루기 어려운, 처치 곤란한, 수습이 불가능한

Unmanageable children should not be taken out in public.
관리가 되지 않는 아이들은 공공장소에 데리고 나와서는 안 된다.

★★★
↔ manageable

(형) 처리하기 쉬운, 조작할 수 있는, 관리할 수 있는

★

unquestionable
[ʌnkwéstʃənəbl]

(형) 의심할 바 없는, 명백한, 논의할 여지가 없는

While doubters remain, the American moon landing's veracity is unquestionable.
의심하는 사람이 남아있지만 미국의 달 착륙에 대한 정확성은 의심할 여지가 없다.

★★
↔ questionable

(형) 의심스러운, 의문의 여지가 있는, 수상한

★
unquestionably

(부) 분명히, 의심할 바 없이

unsatisfactory
[ʌnsætisfǽktəri]

형 불만족스러운, 불충분한

All **unsatisfactory** results must be reported for evaluation.
모든 만족스럽지 못한 결과는 평가를 위해 보고되어야 한다.

★★★
↔ **satisfactory**

형 만족스러운

★★★
dissatisfaction

명 불만, 불평, 불만의 원인

unsuitable
[ʌnsúːtəbəl]

형 부적당한, 어울리지 않는, 적당하지 않은

If the part is **unsuitable**, we will make a replacement for you.
부품이 맞지 않는다면 교환해줄 것이다.

unmeasurable
[ʌnméʒərəbl]

형 측정할 수 없는, 끝없는, 멋대로의

The size of the universe is nearly **unmeasurable**.
우주의 크기는 거의 측정이 불가능하다.

unparalleled
[ʌnpǽrəlèld]

형 전대미문의, 비할 데 없는, 견줄 나위 없는

His victories have been **unparalleled** to this day.
그의 승리는 오늘날까지 견줄 대상이 없다.

DAY **02**

반대 의미를 나타내는 접두사 in- / im- / il- / ir-

★★★★★

□ **illegal** [ilíːgəl]

[형] 불법적인, 법으로 금지된, 위법인

Almost everyone does something **illegal** while driving.
거의 모든 사람은 운전하는 동안 불법적인 행동을 한다.

★★★★★

□ **illiterate** [ilítərit]

[형] 문맹의 [명] 문맹

There are very few **illiterate** people in Korea.
한국에는 문맹자가 거의 없다.

★★

□ **imbalance** [imbǽləns]

[명] 불균형

Jedi Knights are able to detect an **imbalance** in the Force.
제다이 기사들은 힘의 불균형을 감지할 수 있다.

★

□ **immature** [ìmətjúər]

[형] 미숙한, 유년기의, 미완성의

Adults who are **immature** often face difficulties finding romantic partners.
미성숙한 성인은 종종 로맨틱한 파트너를 찾는 데 어려움을 겪는다.

immeasurable
[iméʒərəbəl]

형 끝없는, 잴 수 없는, 무한한

The grains of sand on a beach are nearly immeasurable.
해변의 모래알은 얼마나 많은지 셀 수도 없다.

★★

immobilize
[imóubəlàiz]

동 고정시키다, ~의 사용을 방해하다

The patient's neck should be immobilized prior to moving the stretcher.
들것으로 옮기기 전에 환자의 목을 고정해야 한다.

★★★

immoral
[imɔ́(:)rəl]

형 비도덕적인, 부도덕한, 부당한

Pope Francis has spoken against the immoral tendencies of capitalism.
프란시스 교황은 자본주의의 부도덕적인 경향에 반대하며 말했다.

★★

impatient
[impéiʃənt]

형 서두르는, 참을성 없는, 초조한, 짜증을 내는

Being impatient only serves to frustrate the waiting.
참을성이 없으면 기다리는 것이 힘들 뿐이다.

DAY 03

★★★

imperfect
[impə́ːrfikt]

형 불완전한, 불충분한, 결함이 있는

Japanese artists embrace the imperfect in the concept of wabi-sabi.
일본 화가는 와비 사비 개념의 불완전함을 포용한다.

★

☐ **impermanent**
[impə́ːrmənənt]

⑱ 영속하지 않는, 일시적인, 영구적이 아닌

The Buddha teaches all things are impermanent, so we should not become attached to them.
석가모니는 만물은 일시적인 것이므로 우리는 그것들에 애착을 느껴서는 안 된다는 가르침을 준다.

★

☐ **impersonal**
[impə́ːrsənəl]

⑱ 비인간적인, 냉담한

His impersonal demeanour came as a rebuff.
그의 비인격적인 태도는 거부감으로 다가왔다.

★★★★

☐ **impolite**
[impəláit]

⑱ 무례한, 상스러운, 불친절한

While it was impolite to ask the woman her age, it was a necessity.
그 여자에게 나이를 묻는 것이 무례하긴 했지만 필요한 것이었다.

★★★

☐ **impossibility**
[impɑ̀səbíləti]

⑱ 불가능, 불가능한 일

What first appears to be impossibility sometimes requires a change in perspective.
처음에 불가능하게 보이면 가끔 관점을 바꿀 필요가 있다.

★★★★★
impossible

⑱ 불가능한, ~할 수 없는, 있을 수 없는

★★★

☐ **impractical**
[imprǽktikəl]

⑱ 비현실적인, 비실용적인

While it is sometimes impractical to travel alone, it can also have great rewards.
혼자 여행하는 것이 때로는 실용적이진 않지만 그만한 가치가 있을 수도 있다.

★★★

imprison
[imprízən]

동 수감하다, 가두다, 구속하다

America **imprisons** more of its population than any other country in the world.
미국에는 세계 어느 나라보다 더 많은 수감자가 있다.

★★★★

improper
[imprάpər]

형 부적절한, 잘못된

Some say wearing white after Labor Day is **improper**.
어떤 이들은 노동절 후에 흰색을 입는 것이 부적절하다고 말한다.

★

incompetent
[inkάmpətənt]

형 무능한, 무자격의, 서투른

There is little worse than an **incompetent** supervisor.
무능력한 상사보다 더 안 좋은 것은 없다.

★

inconsistency
[inkənsístənsi]

명 모순, 불일치

Eating at chain restaurants helps avoid **inconsistency** in the food quality.
체인 식당에서 음식을 먹으면 음식의 질이 달라지는 것을 피할 수 있다.

DAY 03

★

incorrectness
[inkəréktnis]

명 부정확, 버릇없음

He was blinded by the **incorrectness** of his assumptions.
정확하지 않은 가정 때문에 그는 제대로 판단할 수 없었다.

★

indecisive
[indisáisiv]

형 우유부단한, 결단력이 없는

It was easier to remain **indecisive**.
우유부단하게 있기는 더 쉬웠다.

★

☐ **indeterminacy**
[ìnditə́ːrmənəsi]

[명] 불확정, 부정

The **indeterminacy** of the crowd's size created difficulty for the police.
군중의 규모가 불확실하여 경찰은 어려움을 겪었다.

★

☐ **indistinguishable**
[ìndistíŋgwiʃəbəl]

[형] 구별할 수 없는, 분간할 수 없는

The forgery was **indistinguishable** from the original.
그 위조품이 진품과 구별이 되질 않았다.

★

☐ **inedible**
[inédəbəl]

[형] 먹을 수 없는, 식용에 적합하지 않은

The cookies she baked were **inedible**.
그녀가 구운 쿠키는 먹을 수 없었다.

★

☐ **inoffensive**
[ìnəfénsiv]

[형] 거슬리지 않는, 무해한, 해가 되지 않는

A handshake is generally an **inoffensive** greeting.
악수는 일반적으로 불쾌하지 않은 인사이다.

★

☐ **insecure**
[ìnsikjúər]

[형] 불안한, 확신이 안 가는, 불안전한

Insecure passwords threaten the safety of your personal data.
안전하지 않은 비밀번호는 개인 자료의 안전을 위협한다.

★

☐ **insensitivity**
[insènsətívəti]

[명] 무감각, 둔감, 무신경

His **insensitivity** to local culture caused his company to lose the business deal.
그가 지역문화에 무신경했기 때문에 그의 회사는 거래를 놓치게 되었다.

irrational

[iræʃətnəl]

형 비이성적인, 비합리적인, 불합리한

A phobia is an irrational fear of something.
공포증은 어떤 것에 대한 비이성적인 두려움이다.

irregular

[irégjələr]

형 비정규의, 불규칙의, 비정상적인　　명 불규칙한 것, 불안정

The patient's irregular heartbeat gave a clue to the medical staff.
환자의 불규칙한 심장박동은 의료진에게 단서를 주었다.

irrelevant

[iréləvənt]

형 관계가 없는, 부적절한, 무의미한

The interview with the president only yielded irrelevant information.
사장과의 면접에서 무의미한 정보만 늘어놓았다.

irreplaceable

[iripléisəbəl]

형 대체할 수 없는, 바꿀 수 없는

The ring was only worth a little, but sentimentally it was irreplaceable.
그 반지는 별로 값어치 있는 물건은 아니지만 심적으로는 대체 불가능한 것이었다.

DAY 03

irresistible

[irizístəbəl]

형 저항할 수 없는, 압도적인

No matter how full she was, chocolate ice cream was always irresistible.
그녀는 배가 얼마만큼 부르든지 간에 초콜렛 아이스크림은 안 먹을 수는 없었다.

★★★★★

irresponsible

[ìrispɑ́nsəbəl]

⑧ 무책임한, 책임감이 없는

Her son was irresponsible, so he couldn't go the park alone.

그녀의 아들은 제멋대로여서 그 아이 혼자 공원에 갈 수 없다.

다수를
나타내는 접두사 **re- / multi-**

★★

multibillion
[mʌ́ltbíljən]

형 수십억의

Health care is a **multibillion** dollar industry.
건강 관리 사업은 수십억 달러에 달하는 산업이다.

★

multicolored
[mʌ́ltkʌ́lərd]

형 다색의, 다채로운, 다색 인쇄의

The **multicolored** Macaw is the most beautiful bird in
the animal kingdom.
다색의 마코 앵무새는 동물의 왕국에서 가장 아름다운 새이다.

★

multicourse
[mʌ́ltkɔːrs]

형 여러 코스의, 여러 단계의

The event will include a **multicourse** meal followed by
the awards presentation.
행사에는 시상식에 이어 여러 코스의 음식이 포함될 것이다.

DAY 04

★★

multicultural
[mʌ́ltkʌ́ltʃərəl]

형 여러 문화가 공존하는, 복수 문화의, 다문화의

Malaysia is a **multicultural** country in Southeast Asia.
말레이시아는 동남아시아에 있는 다문화 국가이다.

---

multimedia
[mʌ́ltmíːdiə]

명 멀티미디어, 혼합 미디어

The multimedia exhibition was a huge hit with the schoolchildren.
멀티미디어 전시회는 학생들에게 대인기였다.

★

multimillionaire
[mʌ́ltmìljənéər]

명 억만장자, 대부호

These days even multimillionaire families are living paycheck to paycheck.
요즘에는 억만장자 가족조차 근근히 살아가고 있다.

★

multiplication
[mʌ̀ltəplikéiʃən]

명 증가, 증식, 곱셈, 승법

Learning multiplication is a basic requirement of elementary mathematics.
곱셈을 배우는 것은 초등학교 수학에서 기초적인 필수 단계이다.

★★
multiple

형 배수   형 다수의, 다양한

★

multiply
[mʌ́ltəplài]

동 곱하다, 증가시키다, 증식시키다, 번식하다

Working together will multiply our chances of success.
협업은 우리가 성공할 확률을 배로 높여준다.

★

multipurpose
[mʌ́ltipə́ːrpəs]

형 다용도의, 다목적의

She refuses to keep any tool in her kitchen that is not multipurpose.
그녀는 다목적 도구가 아니면 주방에 두려고 하지 않는다.

★

multiracial
[mʌ́ltréiʃəl]

형 다민족의

Multiracial can face unfair discrimination at school.
다인종 학생은 학교에서 불공평한 차별을 당할 수 있다.

★

multitask
[mʌ́lttæsk]

동 한꺼번에 여러 일을 처리하다

Humans cannot actually multitask, but rather do single tasks for short periods of time.
인간은 실제로 다중 작업을 할 수 없지만 짧은 시간에 한 가지 작업을 하는 것이다.

★★

multitude
[mʌ́ltitjùːd]

명 다수, 많은

The multitude of influences on the decision makes the outcome unpredictable.
그 결정에 여러 번 영향이 미쳤기 때문에 결과를 예측할 수 없다.

★★★★

react
[riːǽkt]

동 반응하다, 대응하다, 대처하다, 반발하다

When we react, it will be swift and unforgiving.
우리가 반응할 때, 그 반응은 신속하고 무차별적이다.

★★

recall
[rikɔ́ːl]

동 상기하다, 기억하다, 소환하다, 회수하다

The recall was necessary to prevent accidents.
기억을 되돌려 생각해보는 것은 사고를 예방하기 위해 필요했다.

★★

recite
[risáit]

동 암송하다, 낭독하다, 복창하다

He can recite all the members of the L.A. Dodgers baseball teams from the last five years.
그는 지난 5년 간의 L.A. 다저스 야구팀 선수 이름을 모두 암송할 수 있다.

recollection
[rèkəlékʃən]

⑱ 기억, 회상

His recollection of names isn't the best, but he never forgets a face.
그는 이름을 잘 기억하지 못하지만 얼굴은 절대로 잊지 않는다.

★★

reconstruct
[rì:kənstrʌ́kt]

⑧ 재건하다, 부흥시키다

After the Boxing Day Tsunami, people began to rèconstruct their houses.
복싱데이 쓰나미 이후에 사람들은 집을 재건축하기 시작했다.

★

redeem
[ridí:m]

⑧ 되찾다, 상환하다, 회복하다

You can redeem this coupon for a free ice cream sundae.
이 쿠폰으로 선데이 아이스크림을 무료로 교환받을 수 있다.

★★

redo
[ridu:]

⑧ ~을 다시 하다, ~의 장식을 바꾸다

Students who fail will have the chance to redo the test at a later date.
낙제한 학생은 다른 날에 다시 시험 칠 기회를 얻게 될 것이다.

★★★★

reflect
[riflékt]

⑧ 반영하다, 반사하다, 비추다, 곰곰이 생각하다

It is important to reflect on your life to grow as a person.
한 사람으로 성장하기 위해 자신의 인생을 돌이켜보는 것은 중요하다.

★★

refrain
[rifréin]

图 자제하다, 삼가다

Please refrain from feeding the animals.
동물에게 먹이주는 것을 삼가주세요.

★

rehearse
[rihə́ːrs]

图 연습하다, 시연하다, ~을 자세히 말하다

They had to rehearse for many months leading up to the performance.
그들은 공연 때까지 여러 달 동안 연습을 해야 했다.

★★★★

reject
[ridʒékt]

图 거부하다, 거절하다, 기각하다, 부인하다

Before you reject my application, please consider my portfolio.
저의 지원을 불합격 처리하기 전에 제 포트폴리오를 검토해주세요.

★★

remonstrate
[rimánstreit]

图 항의하다, 충고하다, 이의를 제출하다

He wished to remonstrate with his opponent, but was denied the opportunity.
그는 그의 적에게 대적하길 바랐으나 기회도 가지지 못했다.

DAY 04

★★

renovate
[rénəvèit]

图 ~을 새롭게 하다, 개조하다, ~을 수선하다

The plans to renovate the kitchen proved too expensive.
부엌을 보수하려는 계획은 너무 비싼 것으로 판명됐다.

★★★★

represent
[rèprizént]

图 대표하다, 나타내다, 보여주다, 상징하다, 대변하다

She was selected to represent her class.
그녀는 반의 대표로 선출되었다.

★★

repulse

[ripʌ́ls]

[동] ~을 격퇴하다, 물리치다, ~을 지겹게 하다

His behavior only served to **repulse** his classmates.
그의 행동은 단지 반 친구들을 거부하기 위한 것이었다.

★★★★

response

[rispɑ́ns]

[명] 반응, 대응, 대답, 조치, 응답

A rapid **response** to fire alarms is necessary to ensure survival.
화재 경보에 대한 신속한 대응은 생존을 보장하기 위해 필수적이다.

★

retort

[ritɔ́ːrt]

[명] 응수, 대꾸 [동] 대꾸하다, 반박하다

Her **retort** was witty and well-timed.
그녀의 대꾸는 위트가 있고 시기적절했다.

★

retrench

[ritréntʃ]

[동] 절약하다, 절감하다, 삭제하다

The department was ordered to **retrench** their expenses for the coming quarter.
그 부서는 다음 분기 비용을 삭감하라는 지시를 받았다.

★★

retrieve

[ritríːv]

[동] 되찾다, 회수하다, 회복하다

A good database helps the user **retrieve** information when it is needed.
좋은 데이터베이스는 사용자가 정보를 필요로 할 때 그것을 찾아준다.

★★★★

revenge

[rivéndʒ]

[명] 복수, 보복 [동] 복수하다

Revenge is a dish best served cold.
복수는 차가울 때 내놓는 것이 가장 좋은 요리와 같다.

*****

☐ **review**

[rivjúː]

동 재검토하다, 논평하다   명 재검토, 복습, 비평

Please **review** these articles for me before morning.

저를 위해 아침 전에 이 기사들을 검토해주세요.

****

☐ **revise**

[riváiz]

동 개정하다, 수정하다, 조정하다, 변경하다

If you **revise** the draft, send a copy to the editor.

당신이 초안을 수정하면 편집자에게 한 부 보내세요.

****

☐ **revive**

[riváiv]

동 소생시키다, 되살아나다, 되살아나게 하다

The doctors were unable to **revive** the unresponsive patient.

의사들은 반응이 없는 그 환자를 다시 살릴 수 없었다.

DAY **04**

숫자를 나타내는 접두사 mono- / uni- / bi- / du- / tri- / deca- / deci- / cent- / poly-

★★★

□ **monotonous** [mənάtənəs]

[형] 단조로운, 지루한

His **monotonous** voice put the audience to sleep.
그의 단조로운 목소리는 청중을 잠에 빠져들게 했다.

★★★★

□ **monopoly** [mənάpəli]

[명] 독점, 전매, 독주

The dangers of a **monopoly** are known to economists.
독점의 위험성은 경제학자들에게 알려져 있다.

★★★

□ **monologue** [mάnəlɔ:g]

[명] 독백, 긴 이야기, 장광설

The actor's **monologue** was long and difficult to memorize.
그 배우의 독백은 길고 외우기가 어려웠다.

★★★★★

□ **monarch** [mάnərk]

[명] 군주, 거물

Only one **monarch** has abdicated in the last 500 years.
지난 500년 간 단 한 명의 군주만이 퇴위했다.

★★★★★

unite

[ju:náit]

[동] 통합하다, 단결하다, 통일하다, 결혼하다

The governments of all nations were able to **unite** to stop climate change.

모든 국가의 정부는 기후 변화를 멈추기 위해 단결할 수 있었다.

★★★★★

uniform

[jú:nəfɔ:rm]

[명] 유니폼 [형] 똑같은

The school **uniform** was updated to reflect the fashion of the times.

그 교복은 현 시대의 패션을 반영하기 위해 수정되었다.

★★★★★

unique

[ju:ní:k]

[형] 독특한, 특별한, 특이한, 고유의, 유일한

While **unique**, the design was not as interesting as I had hoped for.

독특하긴 하지만 그 디자인은 내가 바랐던 것만큼 흥미롭진 않았다.

★★★

unisex

[jú:niseks]

[형] 남녀 공통인, 남녀 구별이 없는 [명] 남녀 공통

Unisex bathrooms are becoming more popular.

남녀 공용 화장실은 더 대중화되어 가고 있다.

★★

biannual

[baiǽnjuəl]

[형] 1년에 두 번의, 반년 마다의

The **biannual** festival will be held this spring.

연 2회 열리는 그 축제는 이번 봄에 개최될 것이다.

★★

bilingual

[bailíŋgwəl]

[형] 두 나라 말을 하는, 이중 언어를 구사하는

Children in **bilingual** families often start speaking later than their peers.

이중 언어 가정의 아이들은 종종 또래 아이들보다 더 늦게 말을 시작한다.

bimonthly
[baimʌ́nθli]

형 격월의, 격로로 　명 격월 간행물

The bimonthly payment will be automatically deducted from your paycheck.
납입금은 당신의 봉급에서 격월로 자동으로 공제될 것이다.

★★★★★

bicycle
[báisikəl]

명 자전거 (바퀴가 두 개인)

The bicycle is the most energy-efficient form of human transportation.
자전거는 인간의 교통수단 중에서 가장 에너지 효율이 좋다.

★★★

dual
[djúːəl]

형 이중의, 이원적인 　명 양수

The dual compound cleanser has three times the cleaning power.
이중 합성 세안제는 세 배의 세척력이 있다.

★★

duplication
[djùːpləkéiʃən]

명 중복, 복사, 복제

The printing press made rapid duplication possible.
인쇄기로 인해 빠른 복사가 가능해졌다.

★★

duo
[djúːou]

명 2인조

The duo will perform at the end of the concert.
그 2인조는 콘서트 마지막에 공연을 할 것이다.

★★★

duet
[djuét]

명 이중창, 이중주

The duet has been cancelled as one of the singers is ill.
가수 중 한 명이 아파서 듀엣 공연이 취소되었다.

★ ★ ★

triple
[trípəl]

형 3배의, 3박자의

The price went up **triple** over the course of the year.
해가 지나면서 가격이 세 배로 올랐다.

★

tricycle
[tráisikəl]

명 세발자전거, 삼륜 오토바이

A **tricycle** is helpful for people with poor motor skills.
세발자전거는 자전거를 잘 못 타는 사람에게 도움이 된다.

★ ★ ★

triangle
[tráiæŋgəl]

명 삼각형, 삼각관계, 삼각지

The **triangle** scar was a memento of his near-death experience.
삼각형 모양의 흉터는 그가 죽음 직전까지 갔던 경험에서 얻은 훈장이다.

★

triathlon
[traiǽθlɑn]

형 철인 3종 경기 (트라이애슬론)

Participating in a **triathlon** requires a lot of training.
철인 3종 경기에 참가하기 위해서는 많은 훈련이 필요하다.

★

DAY 05

quadrangle
[kwɑ́dræ̀ŋgəl]

명 사각형, 사변형, 안뜰을 둘러싼 건물

Both squares and rectangles are types of **quadrangle**.
정사각형과 직사각형 둘 다 사각형의 일종이다.

★ ★ ★ ★

quarter
[kwɔ́ːrtər]

명 분기, 1/4, 25센트, 쿼터, 3개월

Order new stock when a **quarter** of this current batch remains.
현재 분량의 1/4이 남으면 새로 물품을 주문하세요.

pentagon
[péntəgàn]

명 5각형, 5변형, 국방부

The five-sided Pentagon is a symbol of the American military.
오각형의 국방부 건물은 미군의 상징이다.

pentathlon
[pentǽθlən]

명 5종 경기

A pentathlon athlete must have well-rounded skills.
5종 경기 선수는 다방면의 기술을 가지고 있어야 한다.

hexagon
[héksəgàn]

명 6각형, 6변형

Beeswax has a natural hexagon pattern.
벌집은 자연적으로 형성된 6각형 패턴이다.

hexahedron
[hèksəhíːdrən]

명 육면체

A hexahedron looks like two pyramids stuck together.
육면체는 두 개의 피라미드가 함께 붙어있는 것처럼 보인다.

octopus
[ɑ́ktəpəs]

명 문어, 낙지, 광범하게 강력한 지배력이나 조직을 갖는 단체

This octopus dish is too spicy for my taste.
이 문어 요리는 내 입맛에는 너무 맵다.

octagon
[ɑ́ktəgàn]

명 8각형, 8변형, 8각형의 것

The most common shape of a stop sign is the octagon.
가장 흔한 정지 신호의 모양은 8각형이다.

★★★★★

decade
[dékeid]

명 십 년간, 수십 년

After a decade of marriage, they finally went on a vacation together.
결혼 후 10년이 지나 마침내 그들은 함께 여행을 갔다.

★

decagon
[dékəgɑ̀n]

명 10각형

A decagon is a difficult shape to draw by hand.
10각형은 손으로 그리기에 어려운 모양이다.

★

decimeter
[désəmìːtər]

명 데시미터 (1/10미터)

A pencil is roughly two decimeters long.
연필은 대략 1/10미터 길이이다.

★★

decimal
[désəməl]

명 소수   형 십진법의

Round to three decimal places.
소수점 세 자리까지 근사값 처리하세요.

★★★★★

DAY 05

century
[séntʃuri]

명 100년 (1세기)

After a century, the hand-writing had nearly faded away.
한 세기 만에 손글씨 쓰기는 거의 사라져 버렸다.

★★★

centimeter
[séntəmìːtər]

명 센티미터 (1/100미터)

The newt may have a ten centimeter tail that will regrow itself when shed.
도롱뇽의 꼬리는 10센티미터 길이이며 떨어져 나가면 저절로 다시 자란다.

---

centigrade
[séntəgrèid]

몡 섭씨

Most countries use centigrade to describe the temperature.
대부분의 나라는 온도를 나타내기 위해 섭씨를 사용한다.

centigram
[séntəgræm]

몡 센티그램 1/100그램

A centigram is simply one-hundredth of a gram.
센티그램은 간단히 말해 1그램의 1/100이다.

polygamy
[pəlígəmi]

몡 일부다처, 일처다부, 다혼성

Polygamy has been outlawed in many countries around the world.
일부다처제는 전 세계적으로 많은 나라에서 불법으로 규정되어 왔다.

polygon
[pɑ́ligɑ̀n]

몡 다각형

A polygon is any shape with more than two sides.
두 면보다 많은 면을 가진 모양이면 다각형이다.

Part2 DAY 6

외부의 의미를
나타내는 접두사 · **ex- / out-**

★★

ex-boyfriend
[eksbɔ́ifrènd]

명 전 남자친구

My **ex-boyfriend** cheated on me, so I dumped him.
내 전 남자친구가 바람을 피워서 그를 차버렸다.

★★★★★

except
[iksépt]

전 ~외에는, 다만   동 반대하다, 이의를 제기하다

Please wash all **except** my blue pants.
제 파란 바지 빼곤 모두 빨아주세요.

★★★★★
exception
★★★★★
exceptional

명 예외, 이의, 제외, 반대

형 뛰어난, 예외적인, 특별한

★★★★

exclaim
[ikskléim]

동 외치다, 감탄하다

If you **exclaim** too loudly, you may surprise the people around you.
너무 크게 탄성을 지르면 주위 사람을 놀라게 할 수도 있다.

★★★★

exclude
[iksklúːd]

동 제외하다, 배제하다, 금지하다, 중단하다, 배척하다

I didn't intend to **exclude** you from the guest list.
손님 목록에서 당신을 제외할 의도는 아니었습니다.

★★★★★
↔ include
[동] 포함하다, 포괄하다, 함유하다

★★★★
exclusive
[형] 배타적인, 독점적인, 유일한

★

□ **ex-convict**
[ekskənvíkt]

[명] 전과자

There is a movement to restore voting rights to **ex-convicts**.
전과자에게 투표권을 다시 부여하기 위한 움직임이 있다.

★★

□ **exhale**
[ekshéil]

[hale = breathe]

[동] 발산하다, 내쉬다, 숨을 내쉬다

Respiration is the process by which animals inhale oxygen and **exhale** carbon dioxide.
호흡은 동물이 산소를 들이쉬고 탄소를 내쉬는 과정이다.

★★
↔ inhale
[동] 흡입하다, 삼키다, 빨아들이다

★

□ **ex-husband**
[ekshʌ́zbənd]

[명] 전 남편

Her **ex-husband** has partial custody of the children, and they visit on weekends.
그녀의 전 남편에게 아이들에 대한 부분적 양육권이 있어서 아이들이 주말마다 아빠를 찾아간다.

★★★★★

□ **exit**
[égzit]

[명] 출구 [동] 나가다, 퇴출되다, 종료하다

Don't block the **exit** with chairs or other furniture.
의자나 다른 가구로 출구를 막지 마시오.

exodus
[éksədəs]

(명) 출국, 이주, 출애굽기

The 1950s and 60s saw the exodus of white families in America from the cities to the suburbs.
1950년대와 60년대에 도시에 사는 미국의 백인 가정이 교외로 대거 이주했다.

★★

exotic
[[igzɑ́tik]

(형) 이국적인, 이국풍의, 외국의

Importation of exotic foods has been on the rise for the last decade.
지난 10년간 이국 음식의 수입이 증가했다.

★★★★★

expand
[ikspǽnd]

(동) 확대하다, 확장하다, 늘다, 성장하다, 넓히다

The corporation is looking to expand its exports into Europe.
그 기업은 유럽으로의 수출을 확장하기 위해 길을 찾고 있다.

★★★

expel
[ikspél]

(동) 추방하다, 제적하다, 내뿜다

The school decided to expel the violent student.
학교는 폭력 학생을 퇴학시키기로 결정했다.

DAY 06

★★★★

explicit
[iksplísit]

(형) 노골적인, 명백한, 솔직한

If you don't make the instructions explicit, he won't do it properly.
지시사항을 명확히 하지 않으면 그는 그것을 제대로 하지 않을 것이다.

★★★★
↔ implicit

(형) 은연중의

explode
[iksplóud]

⑧ 폭발하다, 터지다, 폭발적으로 증가하다, 화내다

Fireworks explode in the sky on special holidays in North America.
특별한 휴일날에 미국의 하늘에서는 불꽃들이 터진다.

★★★★★

export
[ikspɔ́ːrt]

⑧ 수출하다　　⑨ 수출액, 수출품

Export economies are at risk from rising currency values.
증가하는 통화가치로 인해 수출 경제가 위험에 처해 있다.

★★★★
↔ import

⑧ 수입하다, 들여오다, 중요하다

★★★★★

expose
[ikspóuz]

⑧ 드러내다, 노출하다, 노출시키다

She didn't want to expose her skin to the sun.
그녀는 자신의 피부를 태양에 노출하고 싶어 하지 않았다.

★★★
exposed
★★★
exposure

⑱ 노출된, 드러나 있는
⑨ 노출, 폭로, 드러남, 적발, 유출

★

ex-president
[eksprézidənt]

⑨ 전직 대통령

The ex-president has launched a campaign to eliminate poverty.
전 대통령은 빈곤을 없애기 위한 캠페인을 시작했다.

★★★★★

express
[iksprés]

⑧ 표현하다, 나타내다, 발표하다　　⑱ 고속의

The memorandum will express our company's position on the matter.
그 각서는 사안에 대한 우리 회사의 입장을 표할 것이다.

↔ **press** 동 누르다

★★★★

□ **extend**

[iksténd]

동 연장하다, 확장하다, 늘리다, 미치다, 뻗다

We will extend health care benefits to our employee's spouses starting next year.

우리는 내년부터 고용인의 배우자까지 의료보험 혜택을 넓힐 것이다.

★★

□ **exterior**

[ikstíəriər]

형 외부의   명 외부, 외면

The exterior requires a new coat of paint, but nothing more.

외부는 새로 페인트칠하는 것 이외에 더 필요한 것은 없다.

★★
↔ **interior** 형 내부의   명 내부

★★★★

□ **external**

[ikstə́ːrnəl]

형 외부의, 대외적인, 외관의

External factors will not play a role in my decision to raise or lower prices.

외부 요건은 가격 인상이나 인하를 위한 결정에 어떤 역할을 하지 못할 것이다.

★★★★
↔ **internal** 형 내부의, 국내의, 내정의, 체내의

DAY 06

★★★★

□ **extract**

[ikstrǽkt]

명 농축액   동 추출하다, 이끌어 내다, 채굴하다

The extract will be used to improve the taste of the candy.

사탕의 맛을 향상시키기 위해 그 농축액이 사용될 것이다.

★

□ **extricate**
[ékstrəkèit]

[동] 해방하다, ~을 구출하다

It is unclear at the moment how we can **extricate** ourselves from the situation.
어떻게 우리가 그 상황으로부터 빠져나올 수 있을지 현재로선 불확실하다.

★★★★★

□ **outcome**
[áutkʌ̀m]

[명] 결과, 성과, 소산

We will make decisions based on next year's sales **outcome**.
우리는 내년도 영업 결과에 따라 결정을 할 것이다.

★★★★

□ **outdoor**
[áutdɔ̀ːr]

[형] 야외의, 옥외의, 실외의

Outdoor lighting can create a warm and intimate environment.
야외 조명은 따뜻하고 친밀한 환경을 만들어낼 수 있다.

★★★★
↔ **indoor**

[형] 실내의, 내부의

★★★★★

□ **outgoing**
[autgóuiŋ]

[형] 사교적인, 나가는, 떠나가는

Children with **outgoing** personalities often do better in school.
외향적 성격을 가진 아이들이 학교에서 종종 생활을 더 잘한다.

★★★★★

□ **outline**
[áutlàin]

[명] 윤곽, 개요

Creating an **outline** can help writers prepare complex documents.
글의 윤곽을 잡는 것이 작가가 복잡한 문서를 준비하는 데 도움이 될 수 있다.

★★★

outlook
[áutlùk]

몡 전망, 경치, 견해

The outlook on the market is poor for the coming year.
내년 시장에 대한 전망이 좋지 않다.

★★★★

output
[áutpùt]

몡 출력, 생산, 생산고

We are going to decrease output until our sales numbers improve.
우리는 매출이 향상될 때까지 생산량을 감축할 예정이다.

★★★★
↔ input

몡 투입, 입력

★★★★★

outside
[àutsáid]

혱 밖의, 바깥면의, 외부의, 야외에

Have you been outside since lunch?
점심 먹고 나서 계속 밖에 있었어?

★★★★★

outstanding
[àutstǽndiŋ]

혱 현저한, 뛰어난, 눈에 띄는

This award is for outstanding effort this month.
이 상은 이번 달에 뛰어난 노력을 보여 수여하는 상이다.

DAY 06

위의 의미를 나타내는 접두사 over-

★

☐ **overbook**
[óuvərbuk]

⑧ ~의 예약을 한도 이상으로 받다

Airlines routinely **overbook** flights in anticipation of no-shows.
일상적으로 항공사들은 수속하지 않은 손님을 예상해 정원 이상으로 예약을 받는다.

★

☐ **overabundance**
[óuvərəbʌ́ndəns]

⑱ 과잉, 과다

We have an **overabundance** of rice, so we will drop the price.
쌀이 과잉생산되어 우리는 쌀의 가격을 내릴 것이다.

★★★★★

☐ **overcome**
[òuvərkʌ́m]

⑧ ~을 극복하다, ~에 이기다, ~을 압도하다

How were you able to **overcome** such a struggle?
어떻게 그런 어려움을 극복할 수 있었죠?

★

☐ **overconfidence**
[òuvərkɑ́nfidns]

⑱ 과신, 자만심, 지나친

Overconfidence in his ability lead to his downfall.
자신의 능력에 대한 과한 자신감이 그를 몰락으로 이끌었다.

★

overcrowd
[óuvərkraud]

동 너무 많이 넣다, 붐비다, 혼잡하게 하다

If you **overcrowd** the pan, the food won't cook well.
냄비에 음식이 너무 많으면 음식이 잘 익지 않는다.

★

overdo
[òuvərdú:]

동 ~을 지나치게 하다, 무리하다, 과장하다

She took care to communicate the importance but not to **overdo** her response.
그녀는 과하게 반응하지 않고 중요성에 대해 소통하도록 신경을 썼다.

★

overemphasize
[óuvərémfəsàiz]

동 지나치게 강조하다

I cannot **overemphasize** this point.
이 점을 더 강조하지 않을 수 없다.

★★

overestimate
[óuvəréstəmèit]

동 ~을 과대평가하다, ~을 지나치게 많이 견적하다

Overestimate your costs and then deliver under budget.
비용을 더 많이 잡은 다음에 예산 이하로 집행하세요.

★

overflow
[òuvərflóu]

동 넘치다, 범람하다, 과도하다

DAY 07

The **overflow** drain was clogged with debris from the storm.
폭풍에 의한 잔해로 배수관이 막혀 넘쳐 흘렀다.

★★

□ **overgraze**

[óuvərgreiz]

[동] 지나치게 많이 방목하다, 죄다 먹어 치우게 하다

Move the cattle to the lower field tomorrow so they don't **overgraze** the one they're in.

소들이 한 들판의 풀만 너무 많이 먹지 않도록 내일 더 낮은 들판으로 소를 옮겨라.

★

□ **overgrow**

[óuvərgrou]

[동] ~위로 자라다, 자라서 뒤덮다, 너무 커지다

The weeds began to **overgrow** the garden.

잡초가 자라 정원을 뒤덮기 시작했다.

★★★

□ **overhand**

[óuvərhænd]

[형] 손을 위로 올렸다가 던지는

An **overhand** knot is so simple almost everyone knows it.

외벌 매듭은 아주 간단해서 거의 모든 사람이 알고 있다.

overhand knot 외벌 매듭

★★

□ **overhear**

[òuvərhíər]

[동] 우연히 듣다, 엿듣다

If you **overhear** anything about annual bonuses, let me know.

연간 보너스에 대해 듣는 게 있으면 저에게 알려주세요.

★

□ **overhunt**

[óuvərhʌnt]

[동] 남획하다 [명] 남획

When humans **overhunt** a species, it often leads to extinction.

인간이 한 종의 동물을 너무 많이 사냥하면 종종 그 동물은 멸종에 이르고 만다.

★

☐ **overjoy**

[óuvərdʒɔi]

[동] ~을 매우 기쁘게 하다, 몹시 기뻐하다, 크게 기뻐하다

He began to **overjoy** her with his story.

그는 자신의 이야기로 그녀를 아주 기쁘게 해주기 시작했다.

★★

☐ **overlap**

[òuvərlǽp]

[동] 중복되다, 일치하다

Ensure the edges **overlap** for a secure seal.

완전히 봉인되게 끝부분이 서로 겹치도록 하세요.

★

☐ **overlearn**

[óuvərlə:rn]

[동] (숙달 후에도) 공부를 계속하다

Is it possible to **overlearn** a subject?

한 과목을 숙달한 후에 계속 공부하는 것이 가능한가요?

★★

☐ **overload**

[óuvərloud]

[명] 지나치게 많음, 과부하

The computer's memory experienced **overload** and it froze completely.

컴퓨터 메모리에 과부하가 걸려서 완전히 멈춰버렸다.

★★★

☐ **overlook**

[òuvərlúk]

[동] 간과하다, 눈감아주다, 내려다보다, 못보다

Be cautious not to **overlook** small items when packing.

짐을 쌀 때 작은 물품들을 빼먹지 않도록 유의해라.

★

☐ **overmatch**

[óuvərmætʃ]

[명] 한 수 높은 사람, 강적 [동] 능가하다, 이기다

In the end, the invading army was an **overmatch** to the defenders.

결국, 침략군는 방어군보다 한 수 위였다.

overpopulate
[òuvərpɑ́pjəlèit]

동 ~을 인구 과잉이 되게 하다, 과밀화시키다

When humans overpopulate an area, native species are driven to find new habitats.
한 지역의 인구가 과잉이 되면 토착종은 내몰려져 새로운 서식지를 찾는다.

overpower
[óuvərpáuər]

동 압도하다, 이기다, 깊이 감동시키다

The Persians were easily able to overpower the Spartans.
페르시아인들은 스파르타인들을 쉽게 제압할 수 있었다.

overprotective
[óuvərprətéktiv]

형 과보호의

Overprotective parents teach their children dependence.
과잉보호하는 부모들은 자녀를 의존적으로 만든다.

overreact
[óuvərriːǽkt]

동 과잉 반응하다

Politicians in America have begun to overreact to domestic drug use.
미국 정치가들은 국내 약물 사용에 지나치게 반응하기 시작했다.

overshadow
[óuvərʃǽdou]

동 가리다, ~을 흐리게 하다, ~을 어둡게 하다

Don't let history overshadow your opinion of the present.
현 시대에 대한 당신의 의견이 역사에 가려지지 않도록 하세요.

★
overshoot
[óuvərʃuːt]

동 지나치다, 빗나가게 쏘다

If you **overshoot** the green, you'll miss the chance to hit par.
공이 그린을 넘어가면 파를 할 기회를 놓치게 될 것이다.

★
oversimplify
[òuvərsímpləfài]

동 ~을 너무 간략하게 하다

It's important not to **oversimplify** the argument.
논쟁을 지나치게 단순화하지 않는 것이 중요하다.

★
oversleep
[óuvərsliːp]

동 늦잠 자다

On holidays I tend to **oversleep**.
나는 휴일마다 늦잠을 자는 경향이 있다.

★
overstep
[óuvərstep]

동 넘다, 지나쳐 가다, 한계를 넘다

If you **overstep** your boundaries, you'll face punishment.
당신이 경계를 넘어서면 벌을 받아야 할 것이다.

★★
overtake
[òuvərtéik]

동 추월하다, 제치다, 인수하다, 압도하다

If you try to **overtake** on a turn, you may have an accident.
코너를 돌 때 추월하려고 하면 사고를 낼 수도 있다.

DAY 07

★
overthrow
[òuvərθróu]

동 전복시키다, 타도하다, 끌어내리다, 폐지하다

Rumours about the impending **overthrow** of the government have started.
정부가 곧 전복될 것이라는 소문이 돌기 시작했다.

★
overturn
[òuvərtə́:rn]

동 뒤집다, 바꾸다, 이겨내다

I had to overturn some stones to find good bait.
나는 좋은 미끼를 찾기 위해 돌을 뒤집어봐야 했다.

★
overuse
[òuvərjú:z]

동 ~을 혹사하다　　명 혹사, 남용

If you overuse your muscles, you will be sore the next day.
근육을 지나치게 많이 사용하면 다음 날 통증이 있을 것이다.

★
overvalue
[òuvərvǽlju:]

동 ~을 과대평가하다, 지나치게 중시하다

It appears fans have started to overvalue memorabilia from the movie.
팬들이 영화 관련 기념품의 가치를 너무 높게 매기기 시작한 것 같다.

★★
overweight
[óuvərweit]

명 과체중, 중량 초과

Being overweight poses some long-term health risks.
과체중은 장기적으로 건강의 위험을 초래한다.

★
overwhelm
[òuvərhwélm]

동 압도하다, 사로잡히다, 감동을 받다, 흥분하다

The work began to overwhelm the staff, so they hired three new employees.
직원들의 일이 지나치게 많아 그들은 세 명의 신입사원을 고용했다.

★★
overwork
[òuvərwə́:rk]

동 과로하다, 혹사하다　　형 수명이 지난

It is indeed possible to die from overwork.
정말 과로로 죽을 수도 있다.

Part2 : DAY 8

아래의 의미를
나타내는 접두사

sub- / under-

★★★

subconscious
[sʌbkάnʃəs]

명 잠재의식　　형 잠재의식의, 어렴풋이 의식하는

Our subconscious has a large effect on our daily life.
우리의 잠재의식은 일상생활에 큰 영향을 끼친다.

★★
subconsciously

부 잠재의식으로

★★

submerge
[səbmə́:rdʒ]

동 잠수하다, 담그다, ~을 물속에 넣다

Submerge the noodles in the boiling water.
끓는 물에 국수를 넣어라.

★

submission
[səbmíʃən]

명 굴복, 순종, 제출

The submission hold caused his opponent to lose
consciousness.
굴복하지 않고 버팀으로써 적군이 눈치채지 못하게 할 수 있었다.

★★★★★
submit

동 제출하다, 제시하다, 복종하다, 굴복하다

★★★

subordinate
[səbɔ́:rdənit]

형 부하의, 하위의　　명 부하, 종속절

My position is subordinate to his.
나는 그의 아랫사람이다.

★★★
subordination

명 종속, 하위, 복종

DAY 08

subscribe
[səbskráib]

동 구독하다, 가입하다, 찬성하다

Subscribe to our newsletter for updates.
새로 발간되는 우리 뉴스레터를 구독하세요.

---

subscription

형 구독, 기부, 신청

---

subsequent
[sʌ́bsikwənt]

형 그 후의, 다음의, 뒤이은, 이어서

We can talk about follow-up during a **subsequent**
appointment.
다음 약속에서는 후속 방안에 대해 이야기할 수 있을 것입니다.

---

subsequently

부 그 후에, 이어서, 이후에

---

subservient
[səbsə́:rviənt]

형 비굴한, 보조적인, 부차적인

The dog was **subservient** to its master.
그 개는 주인에게 비굴하게 굴었다.

---

subset
[sə́bset]

형 부분 집합, 작은 한 벌, 작은 당

This **subset** of the data leads to a different conclusion.
자료의 이 부분 때문에 다른 결과가 도출되었다.

---

subside
[səbsáid]

동 가라앉다, 침묵하다, 진정되다

The pain began to **subside** after the nurse administered
medication.
간호사가 가져다 준 약 이후에 고통이 가라앉기 시작했다.

★★★

subsidize
[sʌ́bsidàiz]

동 원조하다, 후원하다, 보조해주다

He has subsidized the orphanage for 30 years.
그는 고아원을 30년 동안 후원해 오고 있다.

★
subsidy

명 보조금, 기부금, 장여금

★★
subsidiary

명 자회사, 제2주제, 보조자 형 보조의, 보조금의

★
subsidizing

명 보조, 장려, 조성

★

subsistence
[səbsístəns]

명 생존, 생계, 존재

Subsistence farming is a difficult life.
생존 농경은 어려운 삶이다.

★

subsoil
[səbsɔ́il]

명 심토, 하층토 동 ~의 심토를 파 일구다

The subsoil is well suited to a housing development in this area.
이 지역의 심토는 주택 개발에 적합하다.

★

subspecialty
[sʌbspéʃəlti]

명 준 전문분야

My subspecialty is in pediatric respiratory illness.
내 준 전문분야는 소아호흡기이다.

DAY 08

★

substandard
[sʌbstǽndərd]

형 표준 이하의, 불충분한, 비표준의

The production run was substandard and needed to be scrapped.
생산 흐름은 표준 이하가 되었고 스크랩해 둘 필요가 있었다.

★
☐ **substantially**
[səbstǽnʃəli]

뿐 중대하게, 튼튼하게, 현저하게

The new version is substantially faster.
새 버젼은 현저하게 빠르다.

★★★★
substantial

형 상당한, 실질적인, 현저한, 중대한, 튼튼한

★★★★★
☐ **substitute**
[sʌ́bstitjùːt]

명 대리, 대신, 대행 　동 대용하다, 대체하다

There is no substitute for her experience.
그녀의 경험은 대체 불가능하다.

★★
substitution

명 대용, 치환, 대용품

★★★
☐ **subtract**
[səbtrǽkt]

동 빼다, 공제하다

If you subtract the costs from the sales price, you can find the unit profit.
영업 매출에서 비용을 빼고 나면 순수익을 알 수 있을 것이다.

★
☐ **subtropical**
[sʌbtrɑ́pikəl]

형 아열대의, 아열대성의

A subtropical weather system has settled over the country.
나라 전반에 아열대성 기후가 자리 잡았다.

★★
☐ **suburban**
[səbə́ːrbən]

형 교외의, 도시 주변의

Suburban living relies heavily on the automobile.
교외 생활은 자동차에 크게 의지한다.

★★★
↔ urban

형 도시의, 도심의

★★★★
suburb

명 교외, 외곽, 근교, 부근, 변두리

★
underachiever
[ʌndərətʃíːvər]

명 성적이 실력보다 낮은 사람

Bart Simpson is the classic underachiever.
Bart Simpson은 전형적인 부진아이다.

★
underachieve

동 목표에 미달하다, 낮은 학업 성적을 얻다

★
underbrush
[ʌndərbrʌʃ]

명 덤불, 관목, 삼림

You will need to clear the underbrush before setting up camp.
캠프를 치기 전에 덤불을 깨끗이 치워야 할 것이다.

★★★★
underestimate
[ʌndəréstəmèit]

동 과소평가하다   명 과소평가, 경시

He didn't intend to underestimate her printing.
그는 그녀의 그림을 과소평가할 의도는 없었다.

★★
↔ **overestimate**

동 과대평가하다, 지나치게 많이 견적하다

★
underestimation

명 과소평가, 경시

★★★
estimate

동 추정하다, 예상하다, 전망하다, 평가하다, 견적하다

★★★
undergo
[ʌndərgóu]

[undergo - underwent - undergone]

동 받다, 겪다, 진행하다, ~을 견디다

After the accident, he underwent several operations.
사고 이후로 그는 여러 번의 수술을 받았다.

DAY 08

★★
underlie
[ʌndərlai]

동 근본이 되다, 밑바탕이 되다, 밑에 있다

I like the underlying meaning of the paragraph.
나는 그 문단에 내재되어 있는 의미가 좋다.

★ **underlying**	® 기초를 이루는, 근원적인, 기저의
★ **underlay**	® 밑에 놓다 　　® 밑에 까는 물건, 깔개

★★★★

undermine
[ʌndərmáin]

® ~의 밑을 파다, 몰래 손상시키다, 서서히 쇠퇴시키다

It's your fault to **undermine** his authority.
그의 권위를 손상시킨 건 네 잘못이다.

★

underpass
[ʌndərpǽs]

® 지하도, 철도 밑 통로, 밑쪽 도로

The **underpass** leads to the main gate of my company.
그 지하도는 우리 회사의 정문으로 통한다.

★

underscore
[ʌndərskɔ́ːr]

® 강조하다, 밑줄을 긋다　　® 밑줄

Underscore the sentence I will read out.
내가 읽는 문장에 밑줄을 쳐라.

★
↔ **overscore**

® 위에 선을 긋다, 선을 그어 ~을 지우다

★★★

undertake
[ʌndərtéik]

[undertake - undertook - undertaken]

® 떠맡다, 착수하다

He will **undertake** the most difficult assignment.
그는 가장 어려운 과제를 맡게 될 것이다.

★★

undervalue
[ʌndərvǽljuː]

® ~을 낮게 평가하다, ~을 과소평가하다, 경시하다

I did my best but I felt much **undervalued**.
나는 최선을 다했지만 무시당했다고 느꼈다.

Part2.

DAY 9

사이의 의미를 나타내는 접두사

inter- / com- / trans-

★★★★★

commerce
[kάmərs]

명 무역, 상업

Commerce is the center of the Western economy.
무역은 서구 경제의 중심에 있다.

★★★★★

community
[kəmjúːnəti]

명 사회, 공동체, 단체, 집단

A sense of community is a sign of a healthy neighborhood.
공동체 의식은 건강한 이웃의 상징이다.

★★★★★

companion
[kəmpǽnjən]

명 친구, 동반자, 동료, 반려

A pet can be a good companion for people who live alone.
혼자 사는 사람에게 애완동물은 좋은 동반자가 될 수 있다.

DAY 09

★★★★

compromise
[kάmprəmàiz]

명 타협, 절충

If we can reach a compromise, then the deal will be finished.
우리가 타협할 수 있다면 거래는 완료될 것이다.

★★★★

conform
[kənfɔ́ːrm]

동 일치하다, 따르다

Student dress must **conform** to the uniform dress code.

학생들의 복장은 교복의 드레스 코드와 일치해야 한다.

★★★★

confront
[kənfrʌ́nt]

동 직면하다, 맞서다, 대항하다, 마주하다

I hate needing to **confront** people.

나는 사람들과 맞서는 게 싫다.

★★★★

interact
[intərǽkt]

동 상호작용하다, 대화하다

It can be difficult to **interact** with people from other cultures.

다른 문화의 사람과 상호작용하는 것이 어려울 수 있다.

★★★★★

intercept
[intərsépt]

동 요격하다, 가로채다　　명 방해

The NSA has been using computers to **intercept** phone calls.

NSA는 전화를 가로채기 위해 컴퓨터를 사용해오고 있다.

★

intercontinental
[intərkɑ̀ntənéntl]

형 대륙 간의, 대륙 간을 잇는

Intercontinental flights have become more affordable in the last two decades.

대륙을 잇는 비행기는 최근 20년 동안 더 알맞은 가격이 되었다.

★★

intercultural
[intərkʌ́ltʃərəl]

형 문화 간의

The festival is to foster **intercultural** exchange.

그 축제는 문화 교류를 활성화하기 위함이다.

★★

☐ **interdependent**

[ìntərdipéndənt]

형 서로 의지하는, 상호 의존의

Our businesses are interdependent; we need each other.

우리의 사업은 상호 의존적이기 때문에 서로가 필요하다.

★★★

☐ **intermediate**

[ìntərmíːdiət]

형 중간의, 중급의　　명 매개

She has an intermediate skill level in Photoshop.

그는 포토샵 중급 기술을 가지고 있다.

★

☐ **interminable**

[intə́ːrmənəbəl]

형 끝 없는, 지루하게도 긴

Hey Jude has a nearly interminable ending.

Hey Jude의 후렴구는 끝이 없다.

★★★★

☐ **internal**

[intə́ːrnl]

형 내부의, 국내의, 내정의, 체내의

The internal report outlined changes for speaking with the media.

내부 보고가 미디어 공표를 위해 변경되었다.

★★★★★

☐ **Internet**

[íntərnet]

명 인터넷

The Internet is one of the greatest inventions of the 20th century.

인터넷은 20세기의 가장 위대한 발명 중 하나이다.

★★

☐ **interpersonal**

[ìntərpə́ːrsənəl]

형 대인관계의, 사람과 사람 사이의

Our business is built on interpersonal relationships.

우리 사업은 대인관계를 기반으로 자리를 잡았다.

interplay
[íntərplèi]

명 상호 작용, 상호 교착 동 서로 영향을 미치다

The interplay between the two companies was mutually beneficial.
두 회사의 상호 작용은 두 회사 모두에게 이익이었다.

interpret
[intə́ːrprit]

동 해석하다, 이해하다, 통역하다, 설명하다

He was unable to interpret the meaning of the text.
그는 문맥의 의미를 해석할 수 없었다.

interrupt
[ìntərʌ́pt]

동 방해하다, 중단하다, 끼어들다, 끊다

It is not polite to interrupt when others are speaking.
다른 사람이 말할 때 끼어드는 것은 예의바르지 못하다.

intersection
[ìntərsékʃən]

명 교차점, 사거리, 교집합

The intersection was blocked by impatient drivers.
교차로는 참을성 없는 운전자들에 의해 가로막혔다.

intervene
[ìntərvíːn]

명 개입하다, 끼어들다, 사이에 있다

A hero is someone unafraid to intervene on the weaker being's behalf.
약자를 위해 나서는 것에 두려움이 없는 사람이 영웅이다.

interview
[íntərvjùː]

동 인터뷰하다, 면접하다 명 인터뷰, 면접, 면담, 회견

To interview successfully, keep a friendly atmosphere.
성공적인 인터뷰를 위해서는 친근한 분위기를 유지해야 한다.

★★★★

transaction
[trænsǽkʃən]

명 거래, 처리, 취급

Keep your receipt as a record of the transaction.
거래의 증빙으로 영수증을 챙겨라.

★★★

transfer
[trænsfə́ːr]

명 이동, 이적, 환승

The university only accepted half of my transfer credits.
학교는 내 편입 학점을 반만 인정해주었다.

★★★

transform
[trænsfɔ́ːrm]

동 바꾸어 놓다, 변모시키다, 변화시키다, 전환하다

You can transform yourself through exercise and meditation.
운동과 명상을 통해서 너는 자신을 바꿀 수 있다.

★

transgression
[trænsgréʃən]

명 위반, 범죄, 죄

His transgression was unforgivable.
그의 범죄는 용서받을 수 없었다.

★★

transient
[trǽnʃənt]

형 잠깐 머무르는, 덧없는, 일시적인

It is difficult for transient people to find work.
여기저기 옮겨 다니는 사람이 일을 찾는 것은 힘들다.

DAY 09

★★★★

transit
[trǽnsit]

명 운송, 통과   동 연결되다, 이동시키다

Public transit in this city is highly efficient.
이 도시의 운송 시스템은 매우 효율적이다.

★★

transmission
[trænsmíʃən]

형 전송, 변속기, 방송, 보냄, 전염

The video transmission was garbled and unclear.
화면 송출이 깨끗하지 않고 왜곡이 있었다.

★

transmit
[trænsmít]

동 전송하다, 전염시키다, 전달하다, 보내다

We need to transmit this message via satellite.
우리는 메시지를 위성을 통해 전송해야 한다.

★

transnational
[trænsnǽʃənəl]

형 다국적 기업의, 다국적의, 국경을 넘는

Transnational companies often take advantage of tax loopholes.
다국적 기업은 조세의 허점을 자주 이용한다.

★★★★

transplant
[trænsplǽnt]

명 이식   동 이식하다, 옮겨 심다

A lack of donors has created a crisis for patients waiting for a transplant.
기증자 부족으로 이식을 기다리고 있는 환자들이 위험에 빠진다.

★★★

transport
[trænspɔ́ːrt]

명 수송, 운송   동 운송하다, 이동하다

Korea is a leader in transport and logistics.
한국은 교통과 물류의 선두이다.

★★★
transportation

명 교통, 운송

미리, 앞, 뒤의 의미를
나타내는 접두사

pre- / pro- / post-

★

posterior
[pɑstíəriər]

몡 엉덩이, 둔부　형 뒤의

The elephant's posterior was covered in mud.
코끼리의 엉덩이가 진흙으로 덮혀있었다.

★

posthumous
[pɑ́stʃuməs]

형 사후의, 죽은 뒤의

She was awarded a posthumous doctorate for her
accomplishments.
그녀는 사후에 그녀의 성취에 대해 치하 받았다.

★

post-impressionism
[pòustimpréʃənìzm]

몡 후기 인상파

The Post-Impressionism movement featured artists
such as Van Gogh.
후기 인상파의 움직임은 반 고흐와 같은 미술가에 의해 주도되었다.

★

postmodern
[poustmɑ́dərn]

형 포스트모더니즘의, 최첨단의, 최신 유행의

Our postmodern era favors moral relativism to
absolutes.
포스트모더니즘 시대에는 절대적 신보다는 도덕적 상대성을 선호한다.

DAY 10

★

☐ **postpartum**
[pòustpάːrtəm]

(형) 출산 후의, 산후의

Depression in postpartum mothers is common.
우울증은 산후의 엄마들에게는 일반적인 것이다.

★★★★★

☐ **postpone**
[poustpóun]

(동) 연기하다, 미루다, 지연시키다, 연장하다

We need to postpone the meeting until the delivery arrives.
우리는 배달이 도착할 때까지 회의를 미루어야 한다.

★★

☐ **postscript**
[póustskrìpt]

(명) 추신, 후기, 추백

The postscript to the letter included a wish for good luck.
편지의 추신은 행운을 비는 바람이 포함되어 있다.

★

☐ **post-season**
[póustsíːzən]

(형) 공식 경기 종료 후의

The team will be reviewing its post-season failures before the spring start.
봄 시즌이 시작되기 전에 그 팀은 포스트 시즌 실패를 검토할 것이다.

★★

☐ **postwar**
[póustwɔ́ːr]

(형) 전쟁 후의, 전후

The postwar era saw a surge in technological development.
전후 시대에는 기술 발달의 큰 흐름이 보인다.

★★★★

precede
[prisíːd]

동 앞서다, 선행하다, 우선하다

The decision from the board will **precede** any new projects.
이사회의 결정이 새로운 프로젝트보다 우선시 될 것이다.

★★★

predecessor
[prédisèsər]

명 전임자, 전신

He was never as loved as his **predecessor**.
그는 그의 전임자보다 절대 사랑 받을 수 없었다.

★★★★★

predict
[pridíkt]

동 예측하다, 전망하다, 예상하다, 예보하다

She was unable to **predict** his reaction.
그녀는 그의 반응을 예상할 수 없었다.

★★

preface
[préfis]

명 서문

The **preface** to the text outlined some basic background information.
교재의 서문은 일반적인 정보를 아우른다.

★

prefix
[príːfiks]

명 접두사　　　동 앞에 덧붙이다, ~의 초두에 놓다

The **prefix** "un" is used in English to negate the rest of the word.
영어 접두사 un은 나머지 단어의 부정적인 의미를 나타낸다.

DAY 10

prehistory
[príːhístəri]

명 선사 시대, 초기 단계

Our knowledge of **prehistory** is based largely on archaeological finds.
선사 시대의 우리의 지식은 고고학자의 발견을 토대로 한다.

prelude
[préljuːd]

명 전주곡, 서막, 서곡

This is merely a **prelude** to the main event.
이것은 주 행사의 서곡에 불과하다.

premature
[prìːmətjúər]

형 시기상조의, 이른, 조기의, 조산의

Tomatoes often suffer **premature** harvest and ripened on the way to market.
토마토는 조기에 수확하여 시장으로 오는 동안 익는다.

preoccupy
[priːάkjəpài]

동 ~의 마음을 빼앗다, 먼저 차지하다

The sitter used the TV to **preoccupy** her charges while she took a nap.
간호인은 그녀가 자는 동안에 TV 앞에 앉아 정신을 빼앗겼다.

preordain
[prìːɔːrdéin]

동 운명을 미리 정하다, 예정하다

Is it possible to **preordain** who will succeed?
누가 성공할지 미리 정하는 것이 가능합니까?

prepare
[pripéər]

동 준비하다, 대비하다, 마련하다

If you **prepare** well, you will be ready for even the unexpected.
준비가 잘 되어 있다면 예상치 못한 상황에도 대처할 수 있을 것이다.

★

prepay
[priːpéi]

동 ~을 선불하다, 선납하다

You need to prepay for the car wash inside.
내부 세차를 하기 위해서는 선불을 내야 한다.

★

prequel
[príːkwəl]

명 전편, 전편에 해당하는 부분을 취급한 속편

Episodes 1-3 were prequel movies to the original series.
1-3화는 원작의 속편에 해당한다.

★

prescreen
[priːskríːn]

동 시사하다, 사전에 차단하다

Triage is used to prescreen patients to the emergency department.
부상한 정도에 따라 순위를 구별하는 것은 응급실에서 환자를 진단하는데 사용된다.

★

preteen
[priːtiːn]

형 10세부터 12세까지의

The largest market in the United States is the preteen group.
미국에서 10세에서 12세까지는 큰 시장이다.

★

preterm
[priːtɔ́ːrm]

형 예정일보다 빠른, 조산의

DAY 10

The baby was delivered preterm.
그 아기는 예정일보다 빨리 태어났다.

★★★★★

prevent

[privént]

[동] 막다, 방지하다, 금지하다

Safety regulations cannot **prevent** accidents when people ignore them.

사람들이 규정을 무시하면 안전 규정은 사고를 막을 수 없다.

★★★★★

preview

[príːvjùː]

[명] 시사, 시연, 시사회

If you stop by on Wednesday, I can show you a **preview** of the advertisement.

수요일에 잠시 들르면 내가 광고 시연을 해줄 수 있다.

★★★★★

previous

[príːviəs]

[형] 이전의, 앞선, 먼저의, 예비의

Hit the "back" button to go to the **previous** song.

'뒤로' 버튼을 누르면 이전 노래로 돌아간다.

★★★★★

proceed

[prousíːd]

[동] 진행하다, 추진하다, 계속하다, 시작하다

You have permission to **proceed** with your research.

당신의 연구를 계속 진행하도록 허가를 얻었다.

★★★★★

produce

[prədjúːs]

[명] 농작물, 농산품, 생산물

The **produce** section of the grocery store was nearly empty.

식료품의 농산품 코너는 거의 비어 있었다.

★★★★

progress

[prágres]

[명] 진전, 발전, 진행, 진척, 진보

What kind of **progress** did you make on the assignment today?

너의 과제가 오늘 어느 정도나 진척되었니?

★ ★ ★ ★ ★

project
[prɑdʒékt]

동 예상하다, 계획하다　　명 사업, 계획, 기획

We project sales will increase 25% over the next six
months.
우리는 향후 6개월 동안 25% 판매 증가를 예상한다.

★ ★ ★ ★ ★

promote
[prəmóut]

동 홍보하다, 촉진하다, 승진하다, 조장하다

The campaign will promote responsible alcohol
consumption.
이 캠페인은 책임감 있는 술의 소비를 홍보한다.

★ ★ ★ ★ ★

propose
[prəpóuz]

동 제안하다, 제시하다, 청혼하다, 신청하다

I wish to propose an alternative solution to the problem.
나는 그 문제에 대해 다른 해결책을 제시하고 싶다.

★ ★ ★ ★ ★

protect
[prətékt]

동 보호하다, 지키다, 막다

Sunscreen is one way to protect your skin from
damage.
선크림은 피부를 손상으로부터 보호한다.

DAY **10**

Part 3

Day **1**......Day **10**

접미사

Part 3 DAY 1

사람 명사를 만드는 접두사 -ist

★★
activist [æktivist] [명] (정치 · 사회) 운동가, 활동가

★★
alchemist [ælkəmist] [명] 연금술사

★★★★★
anthropologist [ænθrəpάlədʒist] [명] 인류학자

★★★
archaeologist [ὰːrkiάlədʒist] [명] 고고학자

★★
bicyclist [báisiklist] [명] 자전거 사용자, 자전거를 타는 사람

★★★★
biologist [baiάlədʒist] [명] 생물학자

★★★
botanist [bάtənist] [명] 식물학자

★★
chemist [kémist] [명] 약사, 약국, 화학자

★★
colonist [kάlənist] [명] 식민지 주민

★★
cyclist [sáiklist] [명] 자전거 타는 사람, 사이클리스트

★★★★
dentist [déntist] [명] 치과 의사, 치과 (진료소)

economist [ikɑ́nəmist] ★★★★
명 경제학자, 경제 전문가

essayist [éseiist] ★★
명 수필가

ethologist [i(:)θɑ́lədʒist] ★★
명 생태학자

florist [flɔ́(:)rist] ★★
명 꽃집 주인, 꽃집, 플로리스트

generalist [dʒénərəlist] ★★
명 다방면에 걸쳐 많이 아는 사람

geneticist [dʒinétəsist] ★★
명 유전학자

geologist [dʒiːɑ́lədʒist] ★★
명 지질학자

graphologist [græfɑ́lədʒi] ★★
명 필적학자

illusionist [ilúːʒənist] ★★
명 마술사, 요술쟁이

impressionist [impréʃənist] ★★
명 인상파 화가, 유명인의 흉내를 내는 연예인

individualist [indəvídʒuəlist] ★★
명 개인주의자, 이기주의자

journalist [dʒə́ːrnəlist] ★★★★
명 저널리스트, (신문·방송·잡지사의) 기자

linguist [língwist] ★★★
명 수개 국어에 능통한 사람, 언어학자

monopolist [mənɑ́pəlist] ★★★
명 독점자, 전매자, 독점 기업

*** **motorist** [móutərist]	명 (승용차) 운전자
** **naturalist** [nǽtʃərəlist]	명 동식물 연구가, 박물학자
** **neuroscientist** [njúərousáiəntist]	명 신경과학자
** **optimist** [άptəmist]	명 낙천주의자, 낙관론자
*** **physicist** [fízisist]	명 물리학자
** **psychiatrist** [saikáiətrist]	명 정신과 의사
***** **psychologist** [saikάlədʒist]	명 심리학자
** **publicist** [pʌ́blisist]	명 홍보담당자
** **realist** [ríːəlist]	명 현실주의자, 사실주의 작가
*** **sociologist** [sòusiάlədʒist]	명 사회학자
**** **specialist** [spéʃəlist]	명 전문가, 전공자, 전문의
** **terrorist** [térərist]	명 테러리스트, 테러범
*** **therapist** [θérəpist]	명 치료 전문가, 치료사
** **zoologist** [zouάlədʒist]	명 동물학자

명사를 만드는 접미사 -or

★★★★
☐ **ancestor** [ǽnsestər]   명 조상, 선조, (기계의) 원형

★★
☐ **animator** [ǽnəmèitər]   명 만화 영화 제작자

★★
☐ **collector** [kəléktər]   명 수집가, 징수원

★★★★
☐ **competitor** [kəmpétətər]   명 경쟁자, (시합) 참가자

★★
☐ **conductor** [kəndʌ́ktər]   명 지휘자, 여행 안내원

★★
☐ **conqueror** [káŋkərər]   명 정복자

★★
☐ **councilor** [káunsələr]   명 고문관, 평의원, 의원

★★
☐ **counselor** [káunsələr]   명 상담역, 고문, 의논 상대자(adviser)

★★
☐ **creditor** [kréditər]   명 채권자

DAY 02

★★
☐ **dictator** [díkteitər]   명 독재자, 독재자 같은 사람

★★★
☐ **director** [diréktər]   명 임원, (활동·부서 등의) 책임자, (영화·연극의) 감독

★★ **distributor** [distríbjətər]	명 배급 업자, (엔진의) 배전기
★★ **editor** [édətər]	명 편집장, (책의) 편집자
★★★ **educator** [édʒukèitər]	명 교육자, 교육학자, 교육 전문가
★★ **emperor** [émpərər]	명 황제
★★ **illustrator** [íləstrèitər]	명 삽화가
★★ **imitator** [ímitèitər]	명 모방하는 사람
★★★ **indicator** [índikèitər]	명 지표, (속도·압력 등을 나타내는) 계기
★★ **innovator** [ínouvèitər]	명 혁신자, 도입자
★★ **instructor** [instrʌ́ktər]	명 강사, (대학의) 전임 강사
★★★ **inventor** [invéntər]	명 발명가, 창안자
★★ **investigator** [invéstəgèitər]	명 수사관, 조사관
★★ **investor** [invéstər]	명 투자자
★★★ **mentor** [méntər]	명 멘토
★★ **operator** [ɑ́pərèitər]	명 조작하는 사람, 전화 교환원

★★★
pollinator [pάlənèitər] 　　명 꽃가루의 공급원이 되는 식물

★★★★★
predator [prédətər] 　　명 약탈자, 포식자, 포식 동물

★★
prospector [prάspektər] 　　명 탐사자

★★
protector [prətéktər] 　　명 보호자, 보호 기관, 보호물

★★★
receptor [riséptər] 　　명 (인체의) 수용기

★★
reflector [rifléktər] 　　명 반사면, 반사물, 반사 장치

★★★
sailor [séilər] 　　명 선원, 뱃사람

★★
sculptor [skʌ́lptər] 　　명 조각가

★★★★
spectator [spékteitər] 　　명 관중

★★★
supervisor [súːpərvàizər] 　　명 감독관, 관리자, 지도교수

★★
tutor [tjúːtər] 　　명 가정교사, 개인 지도 교사

명사를 만드는 접미사 -ity

★★★★
□ **adversity** [ædvə́ːrsəti] 명 역경

★★★★★
□ **authority** [əθɔ́ːriti] 명 지휘권, 권한, 재가, 인가

★★★★★
□ **capacity** [kəpǽsəti] 명 용량, 수용력, 능력, 지위

★★★
□ **complexity** [kəmpléksəti] 명 복잡성, 복잡함, 복잡한 특징들

★★★★★
□ **creativity** [kriːeitívəti] 명 창조적임, 창조성, 독창력, 창조력

★★★
□ **credibility** [kredəbíləti] 명 신뢰성

★★★★
□ **curiosity** [kjùəriάsəti] 명 호기심, 진기한 것

★★★★
□ **density** [dénsəti] 명 농도, 밀도

★★★
□ **dignity** [dígnəti] 명 위엄, 품위, 존엄성, 자존감

★★★★★
□ **diversity** [divə́ːrsəti] 명 다양성, 포괄성

★★★
□ **equality** [i(ː)kwάləti] 명 평등, 균등

★★★
flexibility [flèksəbíləti]　명 쉬움, 굴곡성, 유연성, 유순함

★★★
generosity [dʒènərάsəti]　명 너그러움

★★★★★
gravity [grǽvəti]　명 중력, 심각성, 중대성, 엄숙함

★★★
hostility [hɑstíləti]　명 적대감, 강한 반대, 전투, 교전

★★★★
humanity [hjuːmǽnəti]　명 인류, 인간성, 인간애

★★★★★
identity [aidéntəti]　명 신분, 정체, 독자성, 유사성

★★★
inferiority [infiəriɔ́(ː)rəti]　명 열등함

★★★★
intensity [inténsəti]　명 강렬함, 강함, 격렬함, (빛 등의) 강도

★★★
longevity [lɑndʒévəti]　명 장수, 오래 지속됨

★★★★★
majority [mədʒɔ́(ː)rəti]　명 가장 많은 수, 득표 차

★★★
maturity [mətjúərəti]　명 성숙함, 원숙함, 성숙한 상태, 만기

★★★
morality [mɔ(ː)rǽləti]　명 도덕, 도덕성, (특정 집단의) 도덕률

★★★★★
necessity [nisésəti]　명 필요(성), 필수품, 불가피한 일

DAY 03

★★★
neutrality [njuːtrǽləti]　명 중립

★★★		
☐ **obesity** [oubíːsəti]	몡 비만, 비대	
★★★★		
☐ **objectivity** [àbdʒiktívəti]	몡 객관성, 객관적 타당성	
★★★★		
☐ **originality** [ərìdʒənǽləti]	몡 독창성	
★★★★★		
☐ **popularity** [pàpjəlǽrəti]	몡 인기	
★★★		
☐ **predictability** [pridiktəbíləti]	몡 예언할 수 있음, 예측 가능성	
★★★		
☐ **priority** [praiɔ́(ː)rəti]	몡 우선 사항, 우선권, (도로에서 차량의) 우선 주행권	
★★★★		
☐ **productivity** [pròudʌktívəti]	몡 생산성	
★★★★		
☐ **prosperity** [prɑspérəti]	몡 번영, 번성, 번창	
★★★★★		
☐ **quality** [kwɑ́ləti]	몡 질, 우수함, 고급, 양질, 자질	
★★★		
☐ **quantity** [kwɑ́ntəti]	몡 양, 수량, 분량, 다량, 다수	
★★★★		
☐ **rationality** [ræʃənǽləti]	몡 합리성, [pl.] 합리적인 행동 · 견해	
★★★		
☐ **scarcity** [skéərsəti]	몡 부족, 결핍	
★★★★★		
☐ **security** [sikjúəriti]	몡 보안, 경비, 안보, 방위, 경비 담당 부서	
★★★		
☐ **sensitivity** [sènsətívəti]	몡 세심함, 감성	

★★★
simplicity [simplísəti]　　명 간단함, 평이함, 소박함, 순박함

★★★
sincerity [sinsérəti]　　명 성실, 정직

★★★★
stability [stəbíləti]　　명 안정, 안정성

★★★
superiority [səpìəriɔ́(ː)rəti]　　명 우월성, 우세, 거만함

Part 3. DAY 4

명사를 만드는
접미사 **-ment**

★★★
☐ **abolishment** [əbάliʃmənt]　　　　명 폐지

★★★
☐ **accomplishment** [əkάmpliʃmənt]　　명 업적, 공적, 재주, 기량, 완수

★★★★★
☐ **achievement** [ətʃíːvmənt]　　　　명 업적, 성취한 것, 성취, 달성

★★★
☐ **acknowledgement** [æknάlidʒmənt] 명 인정, 감사, 답례품, 답신, 접수 통지

★★
☐ **alignment** [əláinmənt]　　　　　명 가지런함, (정치적) 지지

★★★
☐ **arrangement** [əréindʒmənt]　　　명 준비, 마련, 주선, (처리) 방식, 합의

★★
☐ **assessment** [əsésmənt]　　　　　명 평가, 평가액

★★★★
☐ **assignment** [əsáinmənt]　　　　명 과제, 임무, 배정, 배치

★★★
☐ **astonishment** [əstάniʃmənt]　　　명 깜짝 놀람

★★★
☐ **attachment** [ətǽtʃmənt]　　　　명 애착, 믿음, 지지, 부착, 부착물

★★★★
☐ **commitment** [kəmítmənt]　　　　명 약속, 전념, 헌신, 책무

---

deployment [diplɔ́imənt]
명 전개, 배치

disengagement [disengéidʒmənt]
명 해방 상태, 자유, 해약, 파혼

embarrassment [imbǽrəsmənt]
명 어색함, 쑥스러움

employment [emplɔ́imənt]
명 직장, (개인의) 고용

encouragement [enkə́ːridʒmənt]
명 격려(가 되는 것)

enforcement [enfɔ́ːrsmənt]
명 시행, 집행

engagement [engéidʒmənt]
명 약혼 (기간)

equipment [ikwípmənt]
명 장비, 용품

establishment [istǽbliʃmənt]
명 기관, 시설

fulfillment [fulfílmənt]
명 이행, 수행, 완수, 실천, 실현

improvement [imprúːvmənt]
명 향상

investment [invéstmənt]
명 투자

involvement [inválvmənt]
명 관련, 관여, 개입, 연루

DAY **04**

measurement [méʒərmənt]
명 측정, 측량

pavement [péivmənt]		명 인도, 보도
placement [pléismənt]		명 취업 · 거주지 알선
punishment [pʌ́niʃmənt]		명 벌, 처벌, 형벌
refinement [rifáinmənt]		명 개선 · 개량
reinforcement [rìːinfɔ́ːrsmənt]		명 증강 병력 · 증원 요원, 강화
replacement [ripléismənt]		명 교체, 대체
requirement [rikwáiərmənt]		명 필요(한 것)
resentment [rizéntmənt]		명 분함, 억울함, 분개
retirement [ritáiərmənt]		명 은퇴 · 퇴직
segment [ségmənt]		명 부분
settlement [sétlmənt]		명 합의
statement [stéitmənt]		명 성명, 진술, 서술
treatment [tríːtmənt]		명 치료, 처치
understatement [ʌ́ndərsteitmənt]		명 절제된 표현

명사를 만드는 접미사   -ness

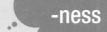

☐ **alertness** [ələ́ːrtnis]   몡 기민, 경계

☐ **attractiveness** [ətræktivnis]   몡 매력, 매력적인 것

☐ **awareness** [əwéərnis]   몡 인식, 지각, 의식, 인지도, 경각심

☐ **awkwardness** [ɔ́ːkwərdnis]   몡 어색함, 서투름, 다루기 어려움

☐ **bitterness** [bítərnis]   몡 쓴맛, 괴로움, 쓰라림

☐ **blindness** [bláindnis]   몡 무지, 무분별, 장님임

☐ **brightness** [bráitnis]   몡 광도, 밝음, 빛, 영리함

☐ **calmness** [kɑ́ːmnis]   몡 고요, 평온, 평안

☐ **competitiveness** [kəmpétətivnis]   몡 경쟁력, 장점

☐ **consciousness** [kɑ́nʃəsnis]   몡 의식, 인식, 정신

☐ **correctness** [kəréktnis]   몡 정확함, 방정, 단정

DAY 05

★★★
□ **darkness** [dάːrknis]   ⑱ 어둠, 암흑, 흑심

★★★
□ **effectiveness** [iféktivnis]   ⑱ 효과적임, 유효성, 효율성

★★
□ **exactness** [igzǽktnis]   ⑱ 정확함, 엄밀함, 정확성

★★★★
□ **fitness** [fítnis]   ⑱ 건강, 운동, 몸매, 적당함

★★
□ **fondness** [fάndnis]   ⑱ 자애, 기호, 취미

★★
□ **freshness** [fréʃnis]   ⑱ 신선미, 생생함, 참신함

★★
□ **greatness** [gréitnis]   ⑱ 위대함, 탁월함, 굳건함

★★
□ **hardness** [hάːrʃnis]   ⑱ 단단함, 견고, 경도

★★
□ **harshness** [hɑːrʃnis]   ⑱ 엄함, 귀에 거슬림

★★
□ **incorrectness** [inkəréktnis]   ⑱ 부정확, 틀림

★★
□ **indecisiveness** [indisáisivnis]   ⑱ 결단성이 없음, 우유부단

★★★★
□ **loneliness** [lóunlinis]   ⑱ 고독, 쓸쓸함, 홀몸임

★★
□ **messiness** [mésinis]   ⑱ 혼란스러움, 뒤범벅

★★
□ **mildness** [máildnis]   ⑱ 온화, 온난

★★ **naturalness** [nǽtʃərəlnis]	몡 자연, 당연
★★★ **nervousness** [nə́ːrvəsnis]	몡 신경질, 조바심, 긴장, 신경과민
★★ **one-sidedness** [wʌn-sáididnis]	몡 편벽, 편파
★★★ **politeness** [pəláitnis]	몡 예의, 공손함, 정중함
★★ **promptness** [prɔmptnis]	몡 신속, 즉결, 민첩
★★ **quickness** [kwiknis]	몡 움직임이 재빠름, 이해가 빠름
★★ **readiness** [rédinis]	몡 준비, 신속
★★ **sameness** [seimnis]	몡 단조로움, 동일, 비슷비슷함
★★★ **seasickness** [síːsiknis]	몡 뱃멀미
★★ **sickness** [síknis]	몡 질병, 병
★★★★ **selfishness** [sélfiʃnis]	몡 이기주의, 이기심, 욕심
★★ **seriousness** [síəriəsnis]	몡 중대함, 진지함, 정색
★★ **sharpness** [ʃάːrpnis]	몡 날카로움, 급격함, 격렬함
★★ **shyness** [ʃáinis]	몡 숫기 없음, 겁 많음, 수줍음

DAY 05

☐	**stillness** [stílnis]	명 부동, 정적, 정지
☐	**sweetness** [swíːtnis]	명 단맛, 사랑스러움, 부드러움
☐	**thickness** [θíknis]	명 두께, 굵기
☐	**uniqueness** [juːníːknis]	명 유례없는 일, 독특함
☐	**vagueness** [véignis]	명 애매함, 분명치 않음
☐	**weakness** [wíːknis]	명 약점, 부진, 약함
☐	**wetness** [wétnis]	명 축축함, 강우, 젖어 있음
☐	**wilderness** [wíldərnis]	명 황야, 자연
☐	**willingness** [wíliŋnis]	명 의지, 의사, 기꺼이 ~하려는 마음

형용사를 만드는
접미사 **-ous**

★★★

☐ **adventurous** [ædvéntʃərəs]   형 모험을 좋아하는, 대담한, 위험이 많은

★★★

☐ **ambiguous** [æmbígjuəs]   형 애매한, 모호한

★★★

☐ **ambitious** [æmbíʃəs]   형 야심적인, 의욕적인

★★★

☐ **anxious** [æŋkʃəs]   형 불안한, 하고 싶어하는, 걱정스러운

★★

☐ **conscientious** [kɑ̀nʃiénʃəs]   형 양심적인, 성실한

★★★★★

☐ **conscious** [kɑ́nʃəs]   형 의식적인, 의식한, 의식이 있는

★★

☐ **contagious** [kəntéidʒəs]   형 전염성의, 접촉 전염성의

★★

☐ **continuous** [kəntínjuəs]   형 지속적인, 연속적인

★★

☐ **courageous** [kəréidʒəs]   형 용기 있는

★★★★

☐ **disastrous** [dizǽstrəs]   형 피해가 막심한, 비참한

DAY 06

★★

☐ **dubious** [djúːbiəs]   형 의심스러운, 모호한

★★★★★		
enormous [inɔ́ːrməs]	형	거대한, 막대한, 엄청난
★★★		
furious [fjúəriəs]	형	격노한, 격렬한
★★★★		
generous [dʒénərəs]	형	관대한, 후한, 마음이 넓은
★★		
gracious [gréiʃəs]	형	우아한, 친절한, 점잖은, 도움이 되는
★★★		
harmonious [hɑːrmóuniəs]	형	조화로운, 화합한, 평화로운
★★★★		
humorous [hjúːmərəs]	형	우스운, 유머러스한
★★★		
industrious [indʌ́striəs]	형	부지런한, 근면한, 노력하는
★★★		
infectious [infékʃəs]	형	전염성의, 병적인, 중독성 강한
★★★		
instantaneous [instəntéiniəs]	형	순간적인, 즉각적인
★★★		
luxurious [lʌgʒúəriəs]	형	호화로운, 고급의, 사치스러운
★★★		
monotonous [mənɑ́tənəs]	형	단조로운, 지루한
★★★★		
mysterious [mistíəriəs]	형	신비의, 불가사의한, 비밀의, 이상한
★★★★★		
numerous [njúːmərəs]	형	수많은, 다양한, 다수의
★★		
nutritious [njuːtríʃəs]	형	영양분이 풍부한, 건강에 좋은

*****		
obvious [ábviəs]	형	분명한, 명백한, 확실한
**** **poisonous** [pɔ́izənəs]	형	독성의, 독소의, 유해한
**** **precious** [préʃəs]	형	소중한, 귀중한, 중요한, 귀여운
***** **religious** [rilídʒəs]	형	종교의, 신앙의, 독실한
*** **ridiculous** [ridíkjələs]	형	터무니없는, 어리석은, 우스꽝스러운
*** **spacious** [spéiʃəs]	형	넓은, 널찍한, 공간이 넓은
*** **spontaneous** [spɑntéiniəs]	형	자연스러운, 자발적인
** **strenuous** [strénjuəs]	형	격렬한, 분투적인, 활기찬
*** **subconscious** [sʌbkɑ́nʃəs]	형	잠재 의식의, 어렴풋이 의식하는
**** **tremendous** [triméndəs]	형	엄청난, 거대한, 많은, 소름 끼치는
**** **unconscious** [ʌnkɑ́nʃəs]	형	무의식의, 의식을 잃은
*** **venomous** [vénəməs]	형	독을 분비하는, 독이 있는, 해를 주는
**** **vigorous** [vígərəs]	형	활발한, 격렬한
*** **wondrous** [wʌ́ndrəs]	형	놀라운, 경이로운

DAY **06**

Part 3. DAY 7

형용사를 만드는 접미사 -al

☐ ★ **accidental** [æksidéntl] 　　　　형 우발적인, 우연한, 사고로 인한

☐ ★★★★★ **actual** [æktʃuəl] 　　　　형 실제의, 사실상의, 현재의, 진짜의

☐ ★★★★ **additional** [ədíʃənəl] 　　　　형 추가의, 다른, 부가적인

☐ ★★★ **agricultural** [æɡrikʌ́ltʃərəl] 　　　　형 농업의, 농예의, 농학의

☐ ★★★★★ **annual** [ǽnjuəl] 　　　　형 연간의, 연례의, 매년의, 연마다의

☐ ★★★ **beneficial** [bènəfíʃəl] 　　　　형 이로운, 도움이 되는, 유익한

☐ ★★★ **commercial** [kəmə́ːrʃəl] 　　　　형 상업용의, 상업적인, 민간의, 통상의

☐ ★★★★ **conventional** [kənvénʃənəl] 　　　　형 전통적인, 틀에 박힌, 관습의

☐ ★★★★ **crucial** [krúːʃəl] 　　　　형 결정적인, 중대한, 매우 중대한

☐ ★★★★ **educational** [èdʒukéiʃənəl] 　　　　형 교육의

☐ ★★★★★ **emotional** [imóuʃənəl] 　　　　형 감정적인, 감정의, 감정에 호소하는

*****
environmental [invàiərənméntl]   형 환경의, 자연의, 주변의

*****
essential [isénʃəl]   형 필수의, 필요한, 가장 중요한, 기본적인

****
external [ikstə́ːrnəl]   형 외부의, 대외적인, 외관의

****
financial [finǽnʃəl]   형 금융의, 재정적인, 재무의, 회계의

***
fundamental [fʌndəméntl]   형 근본적인, 기본적인, 중요한, 궁극적인

*****
individual [indəvídʒuəl]   형 개인의, 개별의, 개개의, 각기 다른

*****
industrial [indʌ́striəl]   형 산업의, 공업의

**
influential [influénʃəl]   형 영향력 있는, 유력한

**
initial [iníʃəl]   형 초기의, 원래의, 선도하는

****
intellectual [intəléktʃuəl]   형 지적인, 지식인, 지성인

*
manual [mǽnjuəl]   형 수동의, 육체 노동의

*
martial [mάːrʃəl]   형 전쟁의, 호전적인, 무용의

*****
moral [mɔ́(ː)rəl]   형 도덕의, 윤리의, 교훈적인, 도의의

**
mutual [mjúːtʃuəl]   형 상호적인, 서로의, 공동의

DAY **07**

☆☆☆☆
□ **national** [næʃənəl] 　　형 국가의, 국립의, 전국의, 국내의

☆☆
□ **optimal** [ɑ́ptəməl] 　　형 최선의, 가장 바람직한, 최상의

☆☆☆☆☆
□ **original** [ərídʒənəl] 　　형 원래의, 원본의, 최초의, 독창적인, 창작의

☆☆☆
□ **parental** [pəréntl] 　　형 부모의, 부모다운, 모체가 되어 있는

☆☆☆☆☆
□ **potential** [pouténʃəl] 　　형 잠재적인, 가능성 있는

☆☆☆☆☆
□ **professional** [prəféʃənəl] 　　형 전문의, 프로의, 직업의

☆☆☆☆
□ **rational** [ræʃnl] 　　형 합리적인, 이성적인, 논리적인

☆☆☆
□ **recreational** [rèkriéiʃənəl] 　　형 휴양의, 오락의, 기분 전환의

☆☆
□ **superficial** [sùːpərfíʃəl] 　　형 피상적인, 겉으로 드러나는, 외부의, 천박한

☆☆☆☆☆
□ **traditional** [trədíʃənəl] 　　형 전통적인, 구식의, 고풍의

☆☆☆☆☆
□ **visual** [víʒuəl] 　　형 시각의, 눈에 보이는, 광학상의

☆☆☆
□ **vital** [váitl] 　　형 중요한, 필수적인, 주요한, 생명과 관련된

형용사를 만드는 접미사 -ant

★★★★★
☐ **abundant** [əbʌ́ndənt]   혱 풍부한, 많은

★★★
☐ **arrogant** [ǽrəgənt]   혱 오만한, 거만한

★★★
☐ **assistant** [əsístənt]   혱 보좌의

★★★
☐ **brilliant** [bríljənt]   혱 훌륭한, 찬란한, 뛰어난, 멋진, 놀라운

★★★★★
☐ **constant** [kάnstənt]   혱 지속적인, 계속되는, 일정한, 부단한

★★
☐ **descendant** [diséndənt]   혱 강하·하강하는, 조상 전래의, 세습의

★★
☐ **deviant** [díːviənt]   혱 벗어난

★★★★
☐ **distant** [dístənt]   혱 먼, 거리를 두는, 냉담한, 서먹서먹한, 원격의

★★★★
☐ **dominant** [dάmənənt]   혱 지배적인, 우세한, 주요한, 우위의, 우성의

★★
☐ **dormant** [dɔ́ːrmənt]   혱 잠자는, 휴면 중인

★★★
☐ **elegant** [éləgənt]   혱 우아한, 훌륭한

☐	*** **ignorant** [ígnərənt]	형 무지한, 모르는, 무시하는
☐	*** **immigrant** [ímigrənt]	형 이민·이주에 관한, 이민자의
☐	*** **insignificant** [insignífikənt]	형 미미한, 중요하지 않은
☐	**** **instant** [ínstənt]	형 인스턴트의, 즉석의
☐	**** **irrelevant** [iréləvənt]	형 관계가 없는, 부적절한, 무의미한
☐	** **luxuriant** [lʌgʒúəriənt]	형 풍부한, 무성한, 화려한
☐	** **peasant** [pézənt]	형 시골뜨기인, 무식한
☐	** **pregnant** [prégnənt]	형 임신한, 임산부의
☐	** **redundant** [ridʌ́ndənt]	형 여분의, 장황한, 과다한
☐	**** **relevant** [réləvənt]	형 관련있는, 적절한, 연관된
☐	** **reliant** [riláiənt]	형 신뢰하는, 의지하는
☐	**** **reluctant** [rilʌ́ktənt]	형 꺼리는, 주저하는, 망설이는, 마지못한
☐	**** **resistant** [rizístənt]	형 저항하는, 저항력이 있는
☐	***** **significant** [signífikənt]	형 중요한, 상당한, 의미심장한, 의미 있는

☐ **tolerant** [tάlərənt] ★★

형 관대한, 참는, 내성이 있는, 용인하는

☐ **triumphant** [traiʌ́mfənt] ★★

형 의기양양한, 성공한, 승리를 거둔

☐ **vacant** [véikənt] ★★

형 공석인, 비어 있는, 텅 빈, 없는

Part 3 DAY 9

형용사 -ed와 -ing

-ed / -ing

★★
amazed [əméizd] [형] 놀란, 대경 실색한, 경탄한

★★★★★
amazing [əméiziŋ] [형] 놀라운, 멋진, 대단한, 흥미로운

★★★
amused [əmjú:zd] [형] 즐거워하는, 유쾌해진

★★★★
annoyed [ənɔ́id] [형] 짜증난, 화가 난, 골치 아픈, 귀찮은

★★
annoying [ənɔ́iiŋ] [형] 짜증나는, 성가신, 거슬리는

★★★
appealing [əpí:liŋ] [형] 매력적인, 마음을 끄는, 애원하는

★★★★
ashamed [əʃéimd] [형] 부끄러운, 창피한, 수치스러운

★
astonished [əstɑ́niʃt] [형] 깜짝 놀란, 놀란

★★★★★
bored [bɔ:rd] [형] 지루한, 싫증난

★★★
boring [bɔ́:riŋ] [형] 지루한, 따분한, 재미없는, 지겨운

★★★★
confused [kənfjú:zd] [형] 혼란한, 헷갈리는, 당황한, 착각한, 어리둥절한

★★★
confusing [kənfjúːziŋ] 　 혱 혼란시키는, 혼동스러운, 혼잡한

★★★★★
delighted [diláitid] 　 혱 기쁜, 즐거워하는

★★★★
depressed [diprést] 　 혱 우울한, 불경기의, 의기소침한

★
depressing [diprésiŋ] 　 혱 비관적인, 맥 빠지는

★★★★
determined [ditə́ːrmind] 　 혱 단호한, 결연한, 굳게 결심한

★★★★★
disappointed [dìsəpɔ́intid] 　 혱 실망한, 낙담한, 기대에 어긋난

★★★★
embarrassed [imbǽrəst] 　 혱 부끄러운, 당황한, 당혹스러운

★★★★★
encouraged [enkə́ːridʒd] 　 혱 격려받은, 고무된

★★★★
encouraging [inkə́ːridʒiŋ] 　 혱 격려하는, 고무적인, 격려가 되는

★
entertaining [èntərtéiniŋ] 　 혱 재미있는, 즐거운, 유쾌한, 연예의

★★★★★
excited [iksáitid] 　 혱 흥분한, 신이 난, 기대하는, 열광하는

★★★★
exciting [iksáitiŋ] 　 혱 흥미진진한, 신나는, 재미있는, 흥분시키는, 설레는

★★
exhausted [igzɔ́ːstid] 　 혱 다 써버린, 소모된, 기진맥진한

★★★
fascinated [fǽsənèitid] 　 혱 매료된

DAY 09

fascinating [fǽsənèitiŋ]	형 멋진, 매혹적인, 재미있는	
frightened [fráitnd]	형 깜짝 놀란, 두려움을 느끼는, 겁을 먹은, 무서워하는	
frightening [fráitniŋ]	형 무서운, 위협적인, 소름끼치는, 놀라운	
frustrated [frʌ́streitid]	형 낙담한, 좌절된, 욕구 불만의	
frustrating [frʌ́streitiŋ]	형 실망하는 듯한	
fulfilling [fulfíliŋ]	형 충실한 느낌이 있는, 만족시키는	
inspired [inspáiərd]	형 영감을 받은, 영감을 받은 결과의	
interested [íntəristid]	형 관심있는, 흥미있는, 생각있는, 마음있는	
irritated [íritèitid]	형 화난, 안달이 난, 속이 탄	
isolated [áisəlèitid]	형 고립된, 절연된, 격리된	
longing [lɔ́(ː)ŋiŋ]	형 갈망하는, 동경하는	
motivated [móutəvèitid]	형 ~할 의욕이 있는, 유발된	
overwhelmed [òuvərhwélmd]	형 압도당한	
overwhelming [òuvərhwélmiŋ]	형 압도적인, 굉장한, 견디기 어려운	

☐	★★★★★ **relaxed** [rilǽkst]	형	편안한, 완화된, 긴장이 풀린, 느긋한
☐	★★★★★ **satisfied** [sǽtisfàid]	형	만족한, 납득한, 충족된
☐	★ **satisfying** [sǽtisfàiiŋ]	형	만족시키는, 충분한, 납득이 가는
☐	★★★ **shocked** [ʃɑkt]	형	충격적인, 충격을 받은
☐	★ **simulated** [símjulèitid]	형	모조의, 모의 실험의, 가짜의
☐	★★★ **sophisticated** [səfístəkèitid]	형	정교한, 세련된, 수준 높은, 고성능의
☐	★ **spoiled** [spɔild]	형	버릇없이 자란
☐	★★ **stressed** [strést]	형	스트레스가 쌓인, 강세가 있는, 압력을 받는
☐	★★★★★ **surprised** [sərpráizd]	형	놀란
☐	★★★★ **surprising** [sərpráiziŋ]	형	놀라운, 놀라게 하는, 의외의
☐	★ **terrified** [térəfàid]	형	무서워하는, 오싹한, 겁먹은
☐	★★ **threatened** [θrétənd]	형	위협당한, 위험에 직면한, 위기에 직면한
☐	★★★ **threatening** [θrétniŋ]	형	위협적인, 협박하는, 위험한
☐	★ **welcoming** [wélkəmiŋ]	형	환영하는, 우호적인, 환영의

DAY **09**

부사를 만드는
접미사 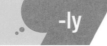 -ly

★★★★
☐ **absolutely** [ǽbsəlúːtli] ㈜ 절대적으로, 전혀, 완전히, 물론, 정말로

★★★★
☐ **apparently** [əpǽrəntli] ㈜ 분명히, 명백히, 확실히

★★★★★
☐ **automatically** [ɔ̀ːtəmǽtikəli] ㈜ 자동적으로, 자연히, 반드시

★★★★★
☐ **certainly** [sə́ːrtənli] ㈜ 분명히, 확실히, 정말로, 반드시

★★★★★
☐ **completely** [kəmplíːtli] ㈜ 완전히, 전적으로, 완벽하게, 모두

★★★★★
☐ **consequently** [kɑ́nsikwèntli] ㈜ 결과적으로, 그에 따라서

★★★★★
☐ **constantly** [kɑ́nstəntli] ㈜ 끊임없이, 계속

★★★★
☐ **continually** [kəntínjuəli] ㈜ 계속해서, 지속적으로, 자꾸

★★★★
☐ **conversely** [kənvə́ːrsli] ㈜ 거꾸로, 역관계에 있어서, 반대로

★★★★
☐ **correctly** [kəréktli] ㈜ 정확하게, 올바르게, 제대로, 바로

★★★★
☐ **currently** [kə́ːrəntli] ㈜ 한창, 최근의, 유창하게

★★★★
deliberately [dilíbəritli]   부 일부러, 고의로, 신중히, 유유자적하며

★★★★★
effectively [iféktivli]   부 효과적으로, 효율적으로, 사실상

★★★★
efficiently [ifíʃəntli]   부 효율적으로, 효과적으로, 능률적으로

★★★★
emotionally [imóuʃənli]   부 감정적으로, 정서적으로, 정신적으로

★★★★
entirely [entáiərli]   부 전적으로, 완전히, 전혀, 거의

★★★★
essentially [isénʃəli]   부 본질적으로, 기본적으로, 필히, 본래

★★★★★
eventually [ivéntʃuəli]   부 결국, 최종적으로, 마침내, 언젠가는

★★★★★
extremely [ikstríːmli]   부 매우, 극도로, 굉장히, 지나치게

★★★★★
frequently [fríːkwəntli]   부 자주, 종종, 빈번히

★★★★★
generally [dʒénərəli]   부 일반적으로, 대개, 대체로, 전반적으로

★★★★★
gradually [grǽdʒuəli]   부 점차적으로, 점진적으로, 서서히

★★★★★
immediately [imíːdiətli]   부 즉시, 직후, 바로, 당장, 곧

★★★★★
increasingly [inkríːsiŋli]   부 더욱 더, 점점, 갈수록

★★★★
largely [láːrdʒli]   부 주로, 대량으로, 다량으로

DAY **10**

★★★★
☐ **literally** [lítərəli]　　　　　 ♥ 말 그대로, 문자 그대로, 사실상

★★★★★
☐ **merely** [míərli]　　　　　 ♥ 단지, 단순히, 그저

★★★★★
☐ **necessarily** [nèsəsérəli]　　　 ♥ 필연적으로

★★★★★
☐ **normally** [nɔ́ːrməli]　　　　 ♥ 보통, 일반적으로, 정상적으로

★★★★★
☐ **obviously** [ɑ́bviəsli]　　　　 ♥ 분명히, 명백히, 당연히

★★★★
☐ **occasionally** [əkéiʒənəli]　　 ♥ 때때로, 가끔, 이따금, 자주

★★★★★
☐ **particularly** [pərtíkjələrli]　　 ♥ 특히, 특별하게

★★★★
☐ **possibly** [pɑ́səbəli]　　　　 ♥ 어떻게, 어쩌면, 아마, 혹시

★★★★
☐ **potentially** [pouténʃəli]　　　 ♥ 잠재적으로, 아마도, 어쩌면

★★★★★
☐ **previously** [príːviəsli]　　　 ♥ 이전에, 기존에, 앞서, 지금까지

★★★★★
☐ **properly** [prɑ́pərli]　　　　 ♥ 제대로, 잘, 올바르게, 적당히

★★★★
☐ **quietly** [kwáiətli]　　　　 ♥ 조용히, 살며시, 얌전하게, 은밀히

★★★★
☐ **rapidly** [rǽpidli]　　　　 ♥ 빠르게, 급속히, 신속히, 순식간에

★★★★★
☐ **rarely** [réərli]　　　　 ♥ 드물게, 거의 ~하지 않는, 좀처럼 ~하지 않는

☆☆☆☆☆
☐ **relatively** [rélətivli]   부 비교적으로, 상대적으로, 비하여

☆☆☆☆☆
☐ **significantly** [signífikəntli]   부 의미 심장하게, 상당히, 현저하게

☆☆☆☆☆
☐ **similarly** [símələrli]   부 비슷하게, 마찬가지로, 유사하게, 이와 같이

☆☆☆☆☆
☐ **slightly** [sláitli]   부 약간, 조금, 가볍게

☆☆☆☆☆
☐ **successfully** [səksésfəli]   부 성공적으로, 잘, 정확하게, 훌륭하게

☆☆☆☆☆
☐ **suddenly** [sʌ́dnli]   부 갑자기, 순식간에

☆☆☆☆☆
☐ **typically** [típikəli]   부 일반적으로, 전형적으로, 보통은, 대체로

☆☆☆☆
☐ **unfortunately** [ʌnfɔ́ːrtʃənitli]   부 불행하게도, 안타깝게도, 유감스럽게도

MEMO !

수능 영단어

50일
총정리